Reflexiones filosóficas

Francisco M. Richard

<u>*Legal*</u>

Este libro no podrá ser reproducido, ni total ni parcial- mente, sin el previo permiso escrito del autor. Todos los derechos reservados.

<u>*Por el autor:*</u>
Francisco M. Richard
Copyright 12-02-2003
(Derecho reservado)
Copyright del autor a través de la librería del Congreso
de los Estados Unidos de América.
IBSN:TX 5-941-234

Copyright de la editorial de Kindle Publishing de Amazon ISBN: 9781797805399

<u>*Agradecimiento*</u>

Agradezco la ayuda y el empeño constante, que mantuvo la profesora Isabel L. Sago. Quien realizó un gran es fuerzo, para que esta obra se hiciera realidad.

Su empeño en la revisión de la obra, y en la co fección del prólogo, son aspectos fundamen- tales, que han hecho de que ésta sea terminada satisfactoriamente.
La Profesora es también Licenciada en Literatu ra Inglesa.

¡Mi más sincero agradecimiento también, al se ñor Oscar González, quien igualmente contribuyó al diseño de este libro...!

<u>*El autor*</u>

Prólogo

Reflexiones Filosóficas, se propone reiterar que el acto de filosofar ha acompañado al ser humano desde tiempos remotos; de ahí que a través de la filosofía el hombre haya podido ex presar sus más hondas preocupaciones acerca de su existencia y la de los nexos de la misma con la realidad que le haya tocado vivir en su contexto social.

En esta obra, el autor transparenta experiencias vividas a partir de su primera juventud, que además incluyen su actual plena madurez. Desde el punto de vista literario, Reflexiones… se comunica de manera informal con el lector para compartir conclusiones propias derivadas de lecturas, conversaciones en el hogar, e intercambios con amigos, y otras personas, en centros de estudios laborales, y sociales en general. Las conclusiones, ideas y pensamientos recogidos en este libro expresan opiniones relacionadas con la bondad, el deber, el sentido de la vida, la libertad, la fe, y sus opuestos aspectos, éstos que de una u otra manera conforman nuestra vida espiritual diaria. El mundo de hoy nos está convocando a humanizar más aún las relaciones entre los hombres.

Todo hombre tiene derecho a pensar en un mundo mejor, pero también el deber de contribuir a mejorarlo. Si en alguna medida, al leer estas reflexiones, el lector las compara con lo que para él sería lo deseable, lo debido, lo querido, y lo confiable, entonces su autor considerará haber cumplido con su objetivo.

El autor: incluye en esta obra algunos refranes callejeros, hablado por diferentes personas!

Lic. Isabel L. Sago

Reflexiones Sociales

*Hay cosas que se critican
y después se aplauden.*

Los pensamientos débiles también crean miedo.

La mentira es debilidad del pensamiento.

*Las cosas buenas se realizan con hechos;
no con palabras.*

*Las palabras son expresiones donde a veces
hay realidades, o falsedades.*

*El dolor y el perdón son fórmulas
de la realidad.*

Donde hay amor hay perdón.

Perdonar es razonar.

*Lo que se respeta es el pensamiento;
no el cuerpo, ni la estatura.*

Los hombres se miran por sus cualidades.

*La vida es un manantial de egoísmo
y de sufrimiento.*

*La palabra paz significa:
abrir la puerta a la tranquilidad y al desarrollo.*

*Para hablar de moral,
primero hay que tenerla y después hablar.
La verdad no huye;*

ella está impregnada en las mentes dignas.

Verdadero hombre es aquel que no traiciona.

La vida es un manantial de desesperación.

El hombre hombre no engaña.

Siempre está con la verdad.

Religión a la fuerza no es religión.

El llanto que se siente... es la pureza que brota.

Una juventud sin preparación es una juventud
muerta.

La preparación es base del despertar.

No demorará el día en que la injusticia
comprenda la verdad.

La verdad es el matiz más transparente
que ojos humanos con buen despertar hayan
visto.

Todavía la humanidad carece de luz.

Mientras haya basura hay dolor.

El odio se convierte en rencor y a veces en
amor.
La verdad es más sencilla que la mentira.

La mentira es la parte oscura de la verdad.

*La luz se introduce donde no hay luz,
pero a veces disminuye.*

*El amor es tumba y agonía de seguir viviendo.
Al hombre que le gusta estar preso,
es porque no tiene principios.*

La verdad no mira tropiezos.

*Verdadera suerte es la salud.
A veces nadie es dueño en tierra ajena.*

*Verdad es lo que estremece
lo más hondo de nuestro corazón.*

La ortografía y el pensamiento se perfeccionan.

Criticar no es cosa de saber.

La tumba no tiene color.

*El perdón no existe cuando hay errores
conscientes.*

*No le desees mal a nadie porque el tuyo está en
camino.*

La traición se sufre como cualquier crimen.

Cuando hay amor hay derecho a reclamar.

El amor es deseo de estar juntos y sentirse bien.

*La distancia cansa y la soledad
en la oscuridad entristece y mata.*

*Estar solo y sentir que no lo estamos
es estar más solo.*

*Reclamar amor es un derecho al culto y al
entendimiento.*

*Qué importa!... sólo el deber es seguir y
luchar...*

La ignorancia es inyección letal de los pueblos.

Los pensamientos justos se respetan.

*Sólo el deber y el perdón son víctimas de la
oscuridad.*

*Los hombres cuando fallan deben reconocer
sus errores.*

*El progreso no se busca y mucho menos se
discute.*

Es un merecimiento al libre pensamiento.

Para los traidores el perdón es la muerte.

Nada hay más firme que un dolor constante.

La luz del día es flora del porvenir.

*Los valores no se miden con la pluma,
sino con los hechos.*

Los hechos son sal del entusiasmo.

Hay valores positivos, y hay valores negativos.

La dignidad no se compra, la mentira sí.

La sencillez hace al hombre.

La sencillez es el culto a la realidad de nuestro planeta.

Todo hombre al nacer tiene el deber de ser sencillo.

La sencillez es base de la honradez.

La tierra es uno de los dolores más preciosos.

Los hijos, en su mayoría son el retrato vivo de los padres.

El dolor y el perdón toman acuerdos en la distancia.

A veces se perdona a distancia.

Es más fácil perdonar a distancia, que de cerca.

El perdón es una de las formas más fácil de aliviar los pensamientos.

Los traidores no tienen bandera.

Vivir con odio es verlo todo negativo.

El deber de un hombre está allí donde está la justicia.

*Uno se puede cansar de la mentira,
pero jamás de la verdad.*

Cansarse de la verdad es no haber estado con ella jamás.

La verdad es el puntal más fuerte de la humanidad.

*La verdad no tiene fronteras.
La discriminación es parte de los reveses de la historia.*

El racista carece de datos históricos.

El perdón de la traición es la muerte.

El perdón para los criminales es la muerte.

El crimen es sal de la perdición.

Los hombres verdaderos no traicionan.

El crimen, es una de las tantas manifestaciones de la cobardía.

La voz es la que hace grande a cualquier intérprete.

El carácter es manifestación de la personalidad.

Hay quien no es sincero consigo mismo.

La injusticia es perdón de la cobardía.

Hay quienes tienen cosas buenas,
como hay quienes tienen cosas malas;
pero son más los que tienen cosas buenas que
malas.

El pensamiento es el que controla
los instintos de todo tipo.

El que mata es un cobarde.

Si cobardía es matar, más cobardía es matarse.

El hombre de principios no roba.
No hay mejor solución
que la de un razonamiento correcto.
La envidia es un vino que no se debe tomar.

Las drogas son antesala de muchos crímenes.

La dignidad no se vende y mucho menos se
compra.

La moral no se compra.
Ella debe estar firme como los buenos
baluartes.

La dignidad es telar de la moral.

Hay que sembrar semillas de buenos y
frondosos
árboles para recoger frutos espléndidos.
La verdad está en el umbral de la sinceridad.

El odio tiene su precio.

*El deber de un hombre está allí donde
la vida y las circunstancias lo necesiten.*

*La debilidad de espíritu impele al ser humano
hacia sendas oscuras.*

*El hombre hombre, es sincero consigo mismo.
En este mundo están los que pueden ser
y no quieren ser… y los que no pueden ser y
quieren ser.*

El ignorante busca ignorancia.

*El perdón es facultad del pensamiento.
Perdonar a veces es evitar reveses.
A través del pensamiento se miden
o se valoran las personas.*

*Hombre es aquel que cumple a cabalidad
con sus obligaciones.*

El pan es para todos, no para unos cuantos.

La tierra es fruto de la naturaleza misma.

Los hombres no mendigan.

*La dignidad es fuerza y voluntad del
pensamiento.*

*La sencillez de un hombre vale más
que muchas inteligencias endiosadas.*

Realidad es sinceridad.

La cuna es peldaño de la propia vida.

El amor no tiene idioma.

*Ser paisano no quiere decir amistad y
solidaridad;*

*Ser paisano es una expresión común
de muchos pueblos de habla hispánica.*

La verdad es triunfo.

*Los talentos verdaderos están al servicio
de la humanidad.*

Los grandes talentos se respetan.

*Los pensamientos forman o deforman
a las personas, según los casos.*

En la tumba se termina el egoísmo.

La verdad está donde está la razón.

*Las grandes verdades hacen temblar a la
humanidad.*

A veces los disgustos crean gustos.

Cuando hay amor hay perdón.

*Verdadera moral es aquélla que se engrandece,
y más cuando las circunstancias están en crisis.*

*Verdadero hombre honrado es aquel
que cumple a cabalidad con su pensamiento.*

Si no hay amor, no hay perdón.

El amor verdadero es un arma poderosa.

Los hombres no tiemblan ante el dolor.

*Escribir es una de las tantas maneras de decir
algo.*

*Lo que tenemos a veces es lo que nos
merecemos*

*Si nos juntamos con cualquier inmoral
nos juzgan por igual.*

*Hay que creer en los hombres,
pero a veces es un problema relativo.*

*La duda sin prueba no es duda.
La verdad y la moral se complementan.*

*El hombre hombre, no tiembla ante ninguna
dificultad.*

*Justicia verdadera es la que hace cumplir
a hombres y pueblos.*

*Solo sé que me he sentado al lado de los que
saben,
y algunas veces en sus hombros.*

Cuando un asesino comenzó a perdonar

es porque dejó de ser asesino.

Un poeta nunca es feliz,
porque ama más la soledad que su propia vida.

Cosa de poco hombre es dar informaciones
falsas.

La pluma es mi arma más poderosa.

Los verdaderos principios se mantienen bajo
cualquier circunstancia.

Mantener los principios bajo cualquier
circunstancia es ser honesto consigo mismo.

La traición no admite perdón.

El dolor de la traición se siente en lo más
íntimo
de nuestro corazón.

Amor con duda no es amor.

El amor verdadero no admite dudas.

Cuando hay dolor hay moral.

Quien hable mal de los demás
es porque tiene poca honestidad.

La honradez es base fundamental
de la legalidad humana
y también la moral es relativa.

*La verdad no importa de dónde venga,
lo que hace falta es que sea verdad.*

*Acostumbrarse a decir mentiras
es no ser justo consigo mismo.*

*No existe ningún pensamiento negativo
en las personas justas.*

*Hay que ser fuerte de pensamiento
para evitar inclinaciones negativas.
Los niños son fuente de una vida feliz.*

*En la sociedad humana están los que critican
para destruir, y los que critican para construir.*

*Los pensamientos negativos son pensamientos
débiles.*

Un verdadero amor es firme en cualquier lugar.

No existe ningún pensamiento negativo

que obstruya un verdadero amor.

*Un verdadero amor se fortalece más cuando
existe la separación por circunstancias.*

*A veces los traumas en los hijos son producidos
por los padres.*

*A veces los padres desvían el curso
del destino de sus hijos.*

Los estadistas brillan cuando

las circunstancias los necesitan.

*La ignorancia es el veneno de millones
de hombres y mujeres.*

*El interés es una de las formas más comunes
de aceptar las cosas.*

*El triunfo no se debe buscar, se espera.
Qué importa que la falsedad se ría,
lo que hace falta es que la sinceridad esté firme.*

*Pensamiento limpio es aquel que está libre
de partículas negativas.*

*El pensamiento es una fuerza que vibra
en lo más íntimo de nuestro ser,
y cesa cuando se exterioriza.*

*Con la cabeza hacia arriba se triunfa,
con ella hacia abajo sólo se ven tormentos.*

No se debe caminar por caminar.

*La comprensión es base fundamental
de todo hombre y mujer.*

El color de la piel no es franja de división.

*La verdad no hay que explicarla, ella está
presente.*

*La verdad ha hecho temblar los más grandes
imperios.*

*Verdadera moral es aquella que está
por encima de cualquier movimiento ilícito.*

*El hombre que no es sincero consigo mismo,
no es hombre.*

*El camino para llegar es a veces escabroso,
pero si se lucha se hace fácil.*

*Combatir la ignorancia no es fácil,
es una tarea ardua y acre.*

*La ignorancia sólo se combate con la
educación.*

*Tratar a las personas con lealtad es una
expresión
del pensamiento humano.*

El extremismo es fuente viva del oportunismo.

*En esta vida lo mejor es no robarle el pan a
nadie.*

El pan ajeno se respeta.

El pan es para todos, no para unos cuantos.

*Nadie está autorizado a quitarle el pan a otro.
El pan diario es base fundamental de la vida.*

*Hay personas que se apartan por un tiempo,
pero después se odian.*

*El hombre mediocre vive bien en cualquier
sistema.*

La educación perfecciona la psiquis.

*La belleza que está por dentro
es más fuerte que la que está por fuera.*

*Las religiones son necesarias,
siempre que estén por el camino del bien
común;
pero cuando analizamos la vida no hacen falta.*

El hombre ha creado a Dios, como su salvador.

*Las religiones surgen de la impotencia ante la
vida.*

*Las religiones las ha creado el hombre
por el desconocimiento de causa y efecto.*

*Con el hombre de pensamiento mediocre
no se debe contar, y mucho menos confiar.*

La cuna es peldaño del nacimiento.

*Cualquier papel es un arma que se presta
para escribir lo que se siente.*

*El papel es la amistad más fuerte de la pluma y
el lápiz.*

*Donde hay amor todo está vivo.
Las bromas tienen su fin.*

*La lucha de cualquier persona
siempre que sea buena debe ser perenne.*

*Lucha y vencerás.
Luchar es una de las tantas maneras
de subsistir ante la vida.*

Luchar y vencer es tarea de todos.

*Cuando un profesor pierde su dignidad
es porque dejó de ser profesor.*

*La verdad está más allá de los límites
del conocimiento humano.*

La verdad jamás morirá.

*Díganse frases lindas y se verá la frescura por
doquier.*

*El trabajo es la fuerza más poderosa de
cualquier
economía.*

*La producción es una fuente inagotable de
bienes
materiales.*

*Los cambios tecnológicos son fuentes de
desarrollo.*

*El respeto ajeno es firmeza a la integridad
personal.*

La lupa con que miramos a veces no nos da

la visión necesaria.

*Unidos todos en el peldaño de la vida,
venceremos todos los problemas.*

*Las flores no se roban.
Justicia y verdad son una misma cosa.*

*La honra que nos pertenece sólo la tenemos
dentro.*

*Cualquier tiempo es bueno para enseñar y
aprender.*

*El tiempo pasa, pero las ideas buenas se
mantienen.*

*El racismo es secuela del desequilibrio político-
social del mundo.*

*El racismo es una de las más grandes semillas
de la incultura.*

Cultura es belleza.

*Qué importa que la vida nos golpee,
lo que importa es seguir el progreso.*

*La crianza de los hijos debe ser hasta los
últimos días.*

*Los hijos no se desprecian ni en las peores
circunstancias.*

La historia valora a los buenos padres.

*Un buen padre siempre está en el recuerdo
de los buenos hijos.*

*Cuando se triunfa sin la verdad
es porque no hay sinceridad.
Los enemigos cuando se perdonan tiemblan.*

*La honradez nace y se desarrolla.
A veces hay razón para odiar,
como a veces no la hay...*

Las uñas salen a su debido tiempo.

*El pensamiento humano es la fuente de energía
más poderosa que se pueda obtener.*

*La verdad es el pilar que levanta la frente con
dignidad,
y también es pilar más alto que pueda obtener
cualquier persona.*

*Hombre de verdad es aquel que está con la
verdad.*

*El manantial de inteligencia de cualquier
persona
no se lo quita nadie.*

Todo llega a su debido tiempo.

*La moral es más poderosa que las armas.
La cultura es la que pule la psiquis.
El racismo es muestra del desprecio
causado por la ignorancia.*

La verdad es la luz que ilumina todo lo bueno.

El hombre de verdad no es traidor.

*El hombre que traiciona es porque le falta
hombría.*

*El que traiciona no tiene derecho a hablar
de dignidad y mucho menos de honestidad.*

*El que tiembla ante la vida es porque es
cobarde.*

Amar la vida es amar lo creado.

La moral es más fuerte que cualquier amenaza.

La injusticia jamás triunfará.

La indecisión es derrota de sí mismo.

*A veces se es grande a edad avanzada,
como a veces a edad temprana.*

*Destacarse en cualquier rama del saber
es cosa de la inteligencia.*

Los que perdonan perduran.

*El perdón hace razonar a cualquier enemigo.
El perdón es cosa de toda persona inteligente.
Cuando se perdona es porque se quiere
que se comprendan las cosas.*

Los que perdonan a veces convierten

a sus enemigos en amigos.

El perdón es más fuerte que la injusticia.

La injusticia también tiembla ante el perdón.

Perdonar no es una aventura sino un deber.

El perdón es el arma más poderosa que existe.
El que roba es cobarde.

El hombre hombre evita ser ladrón.

Robar es darle un precio bajo a la vida.

El hombre debe ser hombre,
y si es hombre debe ser sincero.

Los conocimientos no se deben engavetar,
si no exteriorizar.

Desprenderse de las injusticias no es fácil.

Siempre que se esté con la verdad
no importan las injusticias.

Los enemigos razonan. Los enemigos se
cansan.

Los enemigos tiemblan cuando están fuera
de los límites de la justicia.
La soberbia e indignación crean injusticias.

Cuando los enemigos comprenden la verdad
dejan de ser enemigos.

*El que no es sincero consigo mismo
mucho menos lo es con la humanidad.*

*Hay que ser digno consigo mismo y después
con la humanidad.*

La dignidad es brillo del sentimiento humano.

La traición es un verdugo oculto.

*En este mundo están los que ríen a sus anchas,
están también los que ríen y lloran,
y están los que ni ríen ni lloran.*

*La voz de la conciencia nos habla
constantemente
cuando estamos a solas.*

La inteligencia es una facultad.

*Cuando uno abandona no tiene derecho a
reclamar.*

Los hombres se miden por su pensamiento.

Cuando no hay salud se limitan las esperanzas.

*La salud es el tesoro más preciado que pueda
tener cualquier persona.*

*Decirle la verdad al enemigo es cosa de persona
valiente.*

*Lo que triunfa no es el hombre, si no el
pensamiento.*

El pensamiento es creación de la mente.

La vida es un libro de enseñanzas.

Fortaleza verdadera es el pensamiento.

El pensamiento cruza cualquier frontera.

*No importa que la luz nos ilumine poco,
lo más importante es tener firmeza en nuestros
pensamientos.*

El amor es fe en lo que se siente.

Querer es sentir.

*La verdadera fiebre de querer está por dentro,
no por fuera.*

*Los enemigos respetan cuando hay audacia y
valentía.*

Sólo los blandengues están al final.

Los audaces están en primera fila.

*Los audaces triunfan. Sólo los blandengues
se quedarán en el camino, pensativos, y
cabizbajos.*

*Los audaces son capaces, los blandengues no lo
son.*

*Verdadero militante es aquel que se mantiene
en la*

lucha del deber.

El hombre de verdad, no le teme a nada.

Temerle a la víspera es cosa de cobarde.

Soy de abajo y no debo ser equivocado.

*Hablar en voz baja es una de las tantas formas
de hablar consigo mismo.*

*Los conceptos justos deben de estar
por encima de cualquier cosa.*

*Dar la mano es símbolo de gratitud o de
traición.*

*El beso a veces es símbolo de gratitud o de
traición.*

Con la verdad se llega, con la mentira no.

El amor es fuerza.

*Cuando la mente comienza a brillar…
comienza a crear cosas bellas.*

Los hombres mueren, las ideas no.

*La verdad está más allá de los límites
conocidos.*

El perdón a veces no admite justicia.

El humilde debe ser humilde.

La verdad se acepta si se comprende.

*Es más fácil comprender la verdad
que aceptar la mentira.*

*A los hombres se les debe respetar
por su pensamiento, no por su hombría.*

El respeto es el culto al libre pensamiento.

Sólo los cobardes se rinden.

*Los fuertes y valientes hacen resistencia
hasta vencer o morir.*

*El amor es un sentimiento que nos falta a
muchos.*

*Si lejos está el camino de la vida,
más lejos está el camino a seguir.*

El amor es flor que lucha por vivir.

*Verdadero escritor es aquel que es más sencillo
entre los sencillos.*

*Verdadero escritor es aquel que no es
orgulloso.*

*La verdad es una luz poderosa.
Sólo la verdad conquistará los frutos del
porvenir.*

*En este planeta están los que agradecen
y los que no agradecen.*

La verdad es el pilar más alto de la sinceridad.
La verdad es realidad.

La mentira es falsedad.

El apuro sólo debe practicarse en
circunstancias pésimas.

La verdad no se compra, la mentira sí.

La igualdad social se complementa con la
cultura.

Un verdadero delincuente no cree en familia.

El delincuente siente más por lo ilegal que por
lo legal.

La tumba es el final de todos.

La suerte está en la inteligencia.

Pintar es desarrollar un buen pensamiento.

Nuestro camino está escrito.

Nuestro licor es bueno, lo que hay es que
tomarlo.

Verdadero arte es aquel que no muere.

La verdad no admite censuras.

La comodidad es de los que se la merecen.

Un hombre que lucha es un hombre que vence.
No deje de vestirse para vestir a otro.

Vístase y después vista a los demás.

Quiero comprender más la vida,
porque sé que la comprendo poco.
La inteligencia es la que determina la grandeza.

No ofendas mucho al mediocre,
porque a veces en ellos hay sabiduría tierna que
nosotros con más lucidez no sabemos apreciar.

A veces una mentira encubre una verdad.

A veces una verdad le da más luz a otra verdad.

A veces una mentira oculta otra mentira.

El pensamiento del ser humano muere cuando
muere la materia.

El amor es cima del porvenir.

Los pensamientos a veces influyen, pero no
determinan.

Hay quien es grande a edad temprana,
como hay quien es grande a edad lejana.

La muerte es una, las traiciones son muchas.

La lucha de todos los días a veces es agria,
y a veces es dulce.

La verdad siempre es dulce.
La mentira es agria.

El vinagre es dulce si se relaciona con la
mentira.

Si la vida nos da amor debemos darle amor.

Hacer bien desinteresadamente nace, no se
adquiere.

En este mundo hay muchas maneras de reír:
la risa del dolor, la hipocresía y la satisfacción.

Triste es lo que está detrás de lo bello.

Todo es bello cuando se respira bien.

Pintar es manifestar la belleza natural de la
vida.
La luz de la verdad está sobre la faz de la tierra.

Un poeta puede ser pintor, escritor, compositor,
inventor e innovador.

El pintor que a sus obras le da vida
se puede considerar buen pintor.

La pintura es hermosura que nos refleja
ternura.

No corra por correr.

El jarabe de la vida es dulce,

*pero cuando no hay comprensión es agrio y
caus nauseas.*

Un buen pintor es un buen pensador.

Pintar es pensar.

El pincel es vida del pintor.

No te apures que no hay apuro.

Apurarse es cosa de no saber.

*Están los que se animan, y están los que no se
animan.*

Hay personas a las que hay que animar.

*Se deben obedecer órdenes de la conciencia
miéntras sean razonables.*

Amar la pintura es amar lo creado.

*Las riquezas naturales de nuestro planeta,
deben ser equitativas.*

*Los dolores de la vida, a veces pulen la psiquis.
El enemigo siempre es enemigo.*

No te fíes nunca de tu enemigo.

La suerte hay que buscarla.

*El enfrentamiento ante la vida nos dice
sí tenemos suerte o no.*

La dignidad es una condición de la vida.

La ignorancia se pule con la educación.

La ignorancia es el mármol más fácil de pulir.

La ignorancia se erradica mediante conocimientos dé todo tipo.

La persona mediocre tiene doble personalidad.

Nada es verdad hasta que se comprueba.

La verdad cruza cualquier frontera.

La comprensión es parte de la solución de nuestro planeta.

El dinero corrompe a los hombres.

No se debe ir más rápido que las evoluciones del tiempo y su naturaleza.

Hay quienes juegan a la mentira y es cuando más están jugando a la verdad.

La verdad se extenderá por medio de leyes veraces.

La historia mantendrá los aconteceres del mundo para las generaciones venideras.

Mientras se es ignorante se ambiciona el bien ajeno.

*No hay fortaleza más segura
qué una vasta cultura.*

La fortaleza del deber es el camino a progresar.

*Pensar en la vida a veces es martirizar
la conciencia.*

*La igualdad existe en una minoría; no en la
mayoría.*

*Para que en la mayoría haya igualdad
hay que aplicar leyes veraces,
 incluyéndo la educación y le cultura universal.*

El dinero divide a los hombres.

Cuando me muera publicarán más mis obras.

El sacrificio nos lleva a ser filantrópicos.

*Debemos conquistar la verdad y llevarla
por los senderos del porvenir.*

*Sembrar sabiduría es sembrar la luz del
despertar en senderos apagados.*

*Condenar a un hombre legalmente
es cumplir la ley según el código.*

*Vivir subyugado es tener el látigo implacable
a nuestros pies.*

*Cuando estamos abajo todo es trabajo,
pero cuando estamos arriba todo es vida.*

Surgir y vivir de una familia ignorante,
teniendo espíritu de superación
es vivir en mundo de martirio.

Lo agrio de la vida también tiene
su parte dulce.

Las semillas agrias tienen también
su parte dulce.

Quien teme en las esquinas,
es porque tiene miedo.

Robar flores es manifestar
la belleza natural de la vida.

Construir es crear.

La víspera es aviso del temor.

Sí en la víspera no se perece...hay que crear
condiciones.

No hay hora para seguir luchando en esta vida,
solo sé que hay que luchar.

Se lucha por una causa,
porque es un deber de los seres humanos.

Las ideas buenas no mueren, siempre están
latentes.

Los pensamientos a veces influyen y
determinan.

*Qué triste vemos la vida cuando tenemos
que trabajar con personas incomprensibles.
Un ignorante que trabaje y se relacione
con intelectuales con el tiempo refleja parte
de los conocimientos de ellos.*

Verdad es sinceridad.

*Un intelectual que trabaje y se relacione
con ignorantes si no lee y no estudia,
cae en la ignorancia.*

*Cuando tenemos poco grado sicológico no nos
damos cuenta de lo que nos beneficia o
perjudica.*

*Mirar la vida y no comprenderla no es lo
suficiente.*

*Cuando tenemos poca experiencia de la vida no
nos
damos cuenta de diferenciar las personas
buenas y malas.*

*La realidad de la vida es: mirar, oír, hablar, y
ayudar.*

*Comprender la vida es comprenderse uno
mismo.*

*Sí comprendiéramos la vida no nos
equivocaríamos tanto.*

La vida de los acomodados es ficticia.

*A veces hay sueños que nos anticipan la
realidad.*

Los cementerios emparejan las clases sociales.

*La comprensión es ley de la vida.
Somos culpables en la mayoría de las cosas
que nos suceden.*

*Vivir agitado es no comprender nuestro estado
emocional.*

*Hay que estar abajo para saber el trabajo que
se pasa.*

*El color de la piel no determina,
lo que determina es el pensamiento.*

*Cuando los sueños son reales siempre hay
soluciones.*

No te rías de tu propia carga.

*Estar discriminado es estar odiado por los
equivocados.*

El egoísmo nos ciega.

Racismo es egoísmo.

*Hay quien nace para pensar y desarrollar toda
su moral.*

Odiar la vida es no comprenderla.

*Las religiones son escrituras de la poca
evolución científica de los pueblos.*

*La discriminación se erradica o se incrementa
según el medio ambiente.*

*El hombre es creador del peligro, y también
contríbuye a erradicarlo.*

La agitación altera la tensión nerviosa.

*Leer y no comprender lo leído es igual que no
leer.*

Leer y comprender lo leído es analizar.

Las guerras no son necesarias, si no la paz.

Paz es comprensión.

Vivir y luchar es ley de la vida.

*Ver a veces la realidad de la vida es aceptarla.
Desear y no lograr lo deseado es martirio.*

*El espacio es evolución, y nosotros somos
revolución.*

La verdad es justicia.

Mirar y pensar es analizar.

Reír es vivir.

Trabajar es un deber.

Trabajar más de lo reglamentario sin necesidad, es no considerar al cuerpo.

Soñar es recordar.

Saludar es costumbre, y a veces es educación. Estudiar es avanzar.

Recordar el pasado es recordarse uno mismo.

El deporte es actividad. Todos llevamos un baúl a cuesta.

Discusión es incomprensión.

Criticar es no analizar.

Ser tranquilo da más resultado.

La persona tranquila observa mejor las cosas.

Saber y no reflejar la sabiduría es egoísmo.

El racismo es tarea de la ignorancia.

A veces todo es un contrato.

Besar es símbolo, a veces es amor o traición.

El saber no está demás.

Las leyes crean costumbres.

Las preocupaciones desvelan.

Somos espejos de la vida.

La vanidad es equivocación.

Hay quienes practican la maldad como deporte.

El poeta busca el abrigo que no lo cubre nunca.

Las formulas de la vida son infinitas.

Cuando se aprecia se respeta.

El aprecio es respeto.

El respeto es el aprecio al sentimiento ajeno.

La madre es respeto, dulzura, dolor, y creatividad.

La falsedad es base de la hipocresía, y del miedo.

Con la justicia no se juega.

Hay más tiempo para la mentira que para la verdad.

La verdad después de dicha, es sentirse justo consigo mismo.

La mentira es suciedad de la mente.

La mentira es el vino agrio que no se debe beber.

El vino dulce se debe beber, pero con precaución.

El perdón es llanto de la hipocresía.

No es la raíz... sino la fuerza de dicha raíz.

Lo mal hecho se debe eliminar para que todo brille.

*La cuna de la verdad está en la sinceridad.
La verdadera amistad es un deber
ante el respeto y la consideración.*

El perdón es más fuerte que la traición y la muerte.

El amor no se busca, se encuentra.

Todo tiene su límite.

La verdad es cumbre del porvenir.

Verdadero enemigo es aquel que no resiste

*vivir al lado de su enemigo, y lucha por salir,
o destruirlo.*

*Una vez despierta la conciencia,
el sueño y el descanso cesan.*

Cuando se llega lejos es porque se anduvo despacio.

Con la literatura y la educación se erradicará

la ignorancia.

El dolor se siente cuando no se logra nada.

Perdonar es una forma de ser justo consigo mismo.

Están los que tienen, y están los que no tienen.

Cuando no hay amor no hay nada.

El hogar a veces es un teatro.

Vivir es recolectar…

Cada cual debe defenderse a su manera.

Luchar y vencer es logro.

Correr a veces es necesidad.

La desesperación es inestabilidad de la psiquis.

Las preocupaciones alteran la tensión nerviosa.

Felicidad verdadera es la salud.

Sin salud no hay felicidad.

Debemos mirar lo nuestro primero, y lo ajeno después.

Qué triste vemos la vida cuando no tenemos nada.

A veces es más la ilusión que el objeto.

Las cosas de la Naturaleza no se deben tener como misterio.

Con vocación y sin acción no se logra nada.

La verdad es la sinceridad que va en camino de la paz.

Buscar la razón de vivir, es buscarse a sí mismo.

Razonar es comprender.

La Naturaleza es ciencia, no religión.

Naturaleza y riqueza son una misma cosa.

La verdad está enraizada en los sentimientos veraces.

Las religiones son productos del desconocimiento de causa y efecto.

La vida es sacrificio.

Los bienes materiales se logran con el esfuerzo cotidiano.

El sacrificio es ley y entendimiento.

El apretón de manos es símbolo de amistad o de crueldad.

El saludo es hábito de muchos pueblos.

Odiar su raza es odiarse a sí mismo.

Amiguismo es favoritismo.
Nacemos de la nada y a la nada volveremos.

Misterio es lo que no se ha descubierto.

Somos firmes en muchas cosas;
pero en otras no lo somos.

Las costumbres crean tradiciones.

Hay quienes se cuidan,
y es cuando más pronto se aniquilan.

Sentirse superior ante los semejantes es ser
vanidoso.

La superioridad es vanidad.
Sociedad benefactora es confraternidad.

Critíquenme, ya me aplaudirán por mis cosas.
Respetar es creer.

Tengo muchos enemigos,
pero yo sé que son los equivocados.

Vivir en un hogar desorganizado es sentirse
perturbado.

El racista no comprende la verdad.

*Psicología verdadera es la que está en uno
mismo.*

*La psicología nace, se adquiere, y también se
perfecciona.*

*No hay peor filosofía que la vulgaridad de todos
los días.*

Odiar la vida es odiar su existencia.

*El pintor es un licenciado que se desahoga
en pintar lo creado.*

*Los grandes a veces surgen de abajo
y pasan mucho trabajo.*

*Hay muchos que reflejan dominio y hablan
de predominio, y no tienen dominio.*

*Amar la poesía es amar los sentimientos
de los que con sus esfuerzos desahogan
la verdad que tienen por dentro.*

Ayudar al prójimo es ayudarse a sí mismo.

*El amor verdadero no admite celos, sino
respeto.*

Qué triste es estar opacado en senderos claros.

*Cada cual entiende las cosas de acuerdo
con su capacidad.*

*El escritor que sea impostor no se considerará
ejemplo para la humanidad.*

Un buen pintor es un buen observador.

*La pintura y la escultura están en el sendero de
la cultura.*

Amar es desear.

*Qué triste es estar enamorado y no ser
aceptado.*

Enamorar es anhelar.

Pintar es analizar.

Un buen pintor es un buen profesor.

*Tenerle miedo a la muerte es tenerle miedo a la
vida.*

*Tenerle miedo a la vida planetaria es ignorar
nuestra propia vida.*

La filosofía de la razón surge del corazón.

*Llorar es triste, amar es triste,
pero más triste es pensar lo que queda.*

*Para que en los comercios hayan legalidades
hay que llevar las leyes estatales a cabalidad.*

*El dinero es amigo de la guerra, y enemigo de
la paz.*

*Mi vida encierra una gran historia,
y parte de esa historia está en mis escritos.*

*Botar el vino de la vida es botar el vino del
deber.*

Paz es veracidad.

*La paz también es fruto del porvenir..
Pedir paz es pedir tranquilidad.*

Amar la paz es anhelar tranquilidad.

*Burlarse de los semejantes es burlarse de sí
mismo.*

La verdad está en los buenos senderos.

Decir verdad es reflejar paz.

La prostitución ridiculiza a cualquier nación.

*Erradicar la prostitución es liberarse
del mercado más viejo del mundo.*

*Quien permita la prostitución está amparando
la corrupción!…*

*La prostitución desaparecerá cuando se
apliquen leyes veraces.*

*El heroísmo está en lo íntimo de sí mismo.
Hay muchas personas que le temen a la verdad.*

Hay que pasar mucho trabajo para lograr algo

que se desea.

*Practicar la igualdad es contribuir con la
humanidad.*

*Sufrir es una de las tantas maneras de aliviar
las penas.*

*La maldad es lo que más existe sobre la faz de
la Tierra.*

*No hay mejor filosofía que la razón del
corazón.*

*No quiero morir, quiero vivir para sufrir todo
mi reír.*

*Sí algún día riera es porque habré obtenido
el aliento de la vida.*

Sí la verdad muriera seríamos más infelices.

Cuando ría veré los días con buena armonía.

*Cuando tenga armonía veré los días brindarme
alegría.*

*Una vez muerta la verdad no habría existencia
sobre la faz de la Tierra.*

*La cumbre de la verdad será la que decidirá
la existencia en la faz de la Tierra.*

*Cuando la humanidad comprenda la razón de
vivir es porque habrá más convicciones.*

La paz demorará en todos los rincones.

Verdad es justicia.

Decir verdad es reflejar bondad y paz.

Navegar es saciar un anhelo natural.

*La necesidad es una inquietud que brota de la
intimidad.*

Sembrar justicia es sembrar verdad.

La justicia se siembra.

Vanidad es equivocación.

Sembrar verdad es sembrar tranquilidad.

*Cuando no hay paz no hay verdad,
y mucho menos tranquilidad.*

No me apuro porque nunca tengo apuro.

*Las mujeres son flores que nos inspiran a
seguir viviendo.*

Las mujeres son ilusiones.

Vanidad es falsedad.

Sólo me queda sufrir y sé que no podré reír…

La cara negra de la ignorancia es la hechicería.

Hay quienes ríen y hay quienes lloran.

La educación se adquiere y se perfecciona.

La ignorancia es terror de los pueblos.

*La tierra se tranquilizará cuando los gobiernos
dialoguen.*

*La tierra permanecerá en paz cuando todos
mantengamos la verdad.*

Sólo me queda algo, sufrir y llorar.

La incultura es crimen.

Negar la madre es negar la vida.

*Historia verdadera es la que ha hecho el
hombre en beneficio de la humanidad.*

Una verdad cumplida es una verdad terminada.

Desesperarse es no controlarse.

Pensar y llorar es muy natural.

Uno debe mirar para alante.

*Mis escritos los he escrito con llanto y con
dolor.*

*Uno debe mirar las personas por sus
condiciones y no por el color de su piel.*

No es lo que pienso, sino lo que siento.

Que pienso mucho, que siento mucho.

Ser trabajador es ser luchador.

Un buen trabajador es un buen luchador.

No puedo odiar porque nunca he odiado.

Luchar y lograr es vencer.

Conquistar verdad es conquistar felicidad.

Llorar es recordar.

*A veces cuando se piensa mucho se llora
mucho.*

La verdad no se debe ignorar. Ella está a la luz.

*Cuando se está abajo a veces se siente más
cualquier desprecio.*

*A veces cuando se está abajo se siente más
la discriminación.*

La discriminación indigna.

*Las guerras se acabarán con las letras y
diálogos.*

Hay quienes tienen más y quieren más.

Fanatismo e ignorancia son partes opacas de la vida.

El orgullo es equivocación en muchas personas.

No hay justicia más verdadera que la moral.

Creo comprender... pero no es fácil.

La amistad no se mendiga.

Mendigar amistad es no tener sinceridad, y mucho menos dignidad.

Qué lejos está la razón humana y qué cerca está la mentira.

Matar por la espalda es traición y cobardía al propio pensamiento.

La cultura es fortaleza que no se puede derrumbar.

Nos tratamos y a veces nos odiamos.

La humanidad tiembla a la luz de la verdad.

Justicia es verdad y despertar.

Engañar a la humanidad es engañarse.

Sí la verdad muriera seríamos más infelices.

Las leyes civiles como disciplina, y el respeto

buscan la unión por medio de la razón.

La verdad no se oculta, se publica.

Vivir en el atraso y la ignorancia es ignorar el progreso.

Que mi vida es vieja, que mi existencia es nueva.

Los hombres siembran.

Las mujeres son mis ilusiones, y me producen pasiones.

*La verdad es para todos, no para unos cuantos.
La mujer es una ilusión que al hombre
le produce desorganización.*

La luz de la verdad está en todos nosotros.

La verdad tiene sólo un camino.

El racista es egoísta.

Hay quienes no se dan a valer y tienen mucho valor.

Hay quienes creen ser talentosos y no lo son.

Nada es fácil y nada es difícil.

La verdad es luz del porvenir.

El ejemplo de la dignidad es ejemplo de la verdad.

Cumplamos con la verdad y adelante con nuestras vidas.

Prender la fragua de la vida es haber comenzado nuestro deber de luchar.

Quien discrimine a los demás es víctima de sí mismo.

La verdad es una.

Hay más mentiras que verdades.

La vida es un transporte espacial.

La vida es una nave inmensa.

La vida es una escalera que no es fácil subir.

La amistad es base de la sociedad humana.

Los hombres de principios no miran atrás.

El egoísmo es parte del racismo.

A veces cada cual tiene lo que se merece.

No le temas al dolor, después serás feliz.

No oscurezcas tus principios si eres verdadero.

A los que se arrastran para adquirir poderes, riquezas u otras. Húyele!...

No le temas a los cobardes.

Somos juguetes del destino.

No te asombres de tus enemigos cuando los veas sucumbir.

La verdad será la que calmará la faz de la Tierra.

La literatura es base fundamental de la filosofía.

No niegues tu justicia si es que tienes principios morales.

Los hombres de principios no se venden.

*No le temas a la verdad,
porque estás atentando contra ti mismo.*

No le temas a la vida si tienes principios.

No hables mal de la verdad.

Verdad es amor.

Jamás calles ante la verdad, si en ti hay sinceridad.

Para ser orador hay que ser comprendedor.

*Hay quienes por ganar más son esclavos
de su propio trabajo.*

*Sancionar a un hombre injustamente
es sancionarse uno mismo.*

*En la vida no determina el idioma
para escuchar una voz excelente.*

*El amor es la causa más profunda para
sostener un hogar.*

La vida es un torbellino.

Enorgullecerse es engrandecerse.

Hay quienes miran y analizan lo que miran.

Bienaventurados los que comprenden su sufrir.

Si predicas la moral no debes cometer errores.

No hay verdad sin justicia.

*Cuando se está abajo se conoce mejor a los
equivocados.*

Criticar a los que saben es hablar barbaridades.

*Muchos de los más grandes hombres han
surgido de abajo y han pasado mucho trabajo.*

*Historia es lo más grande que ha hecho el
hombre.*

No odies a tus enemigos, aunque comprendas sus errores.

Lucha por perfeccionar tu vida.

Si en la soledad hay verdad, anhelo la soledad.

No te ofendas con la verdad si en ti hay sinceridad.

Quien aspire a conquistar la verdad está en el sendero de la sinceridad.

Hay quien ve y sufre lo que ve.

Los que vienen a ser grandes, la vida los destaca en cualquier rama del saber.

La mentira no tiene fuerza para opacar la verdad.

Estudiar es progresar.

Trabajar es una necesidad.

Qué triste es estar enamorado y ser mal correspondido.

Los vicios son perjuicios de la sociedad humana.

A veces mirar cualquier cosa es recoger y elaborar.

*No es el hecho de vivir, sino de existir y
cumplir.*

*Qué triste es estar enamorado y estar
distanciado.*

*En la distancia a veces el amor corre peligro;
pero si se siente de verdad se lucha por
acercarse.*

No te escondas ante los que saben.

Levanta la frente y adelante.

La vanidad en un ser humano es hundimiento.

Sí la vida es triste, más triste es amar.

*La vida no es como la vemos, sino como la
sentimos.*

Cuando se llora es por algo.

*Sí pedir es ofensa, prefiero no pedirle
a quien se ofenda; sino a quien no se ofenda.*

La vida es razón y condición.

La razón es condición de la vida.

*Filosofía verdadera es aquella que surge de
la realidad de la vida.*

La mentira se debe enterrar.

*Hay quienes saludan con mucho afecto,
y después tratan con hipocresía.*

A veces erradicar una creencia es crear otra.

La inteligencia está en los sentimientos.

Cuando se quiere mucho se sufre mucho.

*Para sufrir de verdad hay que conocer la
verdad.*

*La igualdad es un mito que se pasea por todos
los pueblos del mundo.*

*Moral es respeto y condición.
La maña es conquista de la fuerza.*

Los buenos psicólogos sufren mucho.

El llanto es perdón de la cobardía.

Perdonar es a veces cobardía.

*A veces cuando perdemos, es cuando más
ganamos.*

*Paz es la que está en los que comprenden la
vida.*

No hay ofensa mayor que lo inmoral.

Llorar es desahogar las penas.

Pensar es analizar.

La mentira trata de encubrir la verdad.

La verdad si es verdad, no permite que se le encubra.

El hecho de que seamos pobres no significa que tengamos que estar bajo las órdenes de los acomodádos.

Somos pobres y debemos de seguir luchando.

Las religiones no significan nada ante la técnica y la ciencia.

Religión fundamental es la que está dentro del corazón.

Los locos, nunca dicen que están loco.

No hay mejor alimento que un alimento natural.

No digas que sabes, aunque sepas mucho.

El hambre es desencanto de la vida.

La verdad es justicia.

La historia guarda los aconteceres que han ocurrido y están ocurriendo.

Pobre del pobre que sufre por el pan de cada día.

Nunca digas que sabes sí aún sabes que no sabes.

No te manifiestes contra tu destino.

Si sabes no ocultes tus conocimientos. Demuéstralo!

Si sabes, demuestra que sabes; pero no te halagues.

Toda verdad es moral.

Un buen escritor no debe ser egoísta.

La moral también se perfecciona.

La verdad es símbolo de la paz.

Paz es verdad.

La moral es un caudal de principios.

La verdad no se sufre.

La mentira es burla de la verdad.

El trabajo es deber del ser humano.

Hay muchas cosas posibles, como hay muchas cosas imposibles.

*Tener un amigo sencillo y veraz
es haber encontrado una gran fortuna.*

*La mancha de la derrota de la vida
es para los que se cansan,
no para los que luchan sin cesar.*

*Los conocimientos se adquieren con hechos,
no con palabras.*

*Los caminos se han abierto para seguir,
no para detenerse.*

No hay semillas de oro sin escupir sangre.

*La maldad existe cuando nos baña la
ignorancia.*

El llanto es fuga de la soberbia.

*No te hundas ni en lo más mínimo,
lucha por salir adelante.*

Belleza verdadera es la que está por dentro.

Las ideas firmes y verdaderas no se borran.

La luz de la vida está con nosotros.

La luz está con nosotros, sólo falta aceptarla.

Denme luz y no descanso.

No te apures que no hay apuro.

Sí el apuro te persigue por qué lo sigues.

La verdad no se paga, la mentira sí.

Cualquier hora es buena para nacer.

Uno puede vivir mintiendo,
pero antes de morir dice toda la verdad.
La conciencia no duerme.

El complejo de superioridad, así como el de
inferioridad surgen de un pensamiento
mediocre.

La mentira surge de la mediocridad.

La mediocridad es un síntoma negativo
del pensamiento humano.

La luz se apaga cuando la energía es pobre.

Cuando la luz del pensamiento se apaga todo
desaparece.

Sólo la verdad respetará los logros del porvenir.

Hay más espacio que objetos.

El miedo no existe para los hombres audaces.

A más ignorancia más discriminación.

El trabajo es el gran domador del hombre.

El deber de un hombre está allí donde
la circunstancia lo necesite.

Tarea dura de todo ser humano es luchar por el progreso.

El honor y el respeto son virtudes de la inteligencia.

Cuando el llanto viril brota la verdad se exterioriza.

Cuando el llanto viril brota es porque se han roto los lazos de la mentira.

El llanto viril es surgimiento de la verdad y hundimiento de la mentira.

Cuando la juventud pasa el dolor crece, y abre grietas.

Cuando se duerma la conciencia se apagará la energía.

La mentira es expresión del pensamiento mediocre.

La verdad se acepta, la mentira no.

La inteligencia cuando brilla mucho, brota a la luz de la humanidad.

... Aún después de muerto también se llora.

Veo a mis enemigos pasar, y destruirse a través del puente de la plena convicción.

No me digan célebre, aliméntenme con conocimientos.

La cultura libera.

Se puede ser esclavo, pero libre de pensamientos.

Los que no son... no tienen por qué ofenderse, pero los que son, sí.

Los verdaderos quedan en el libro de la historia.

Pero los otros pasan al olvido.

El trapiche debe moler la escoria para limpiar el central.

La verdad se aprecia con hechos, no con palabras.

Los que piensan pequeño son pequeños.

El amor es dulzura y frescura del pensamiento humano.

Los hechos hablan.

La cima es la cúspide de la cumbre.

La moral es más fuerte que cualquier ejército.

El amor es antorcha viva de la humanidad.

Una vida con amor es una vida a plenitud.

La lucha benévola sin cesar es patrimonio del pensamiento humano.

Luchar es una manera de seguir viviendo.

Los hombres se miden por su pensamiento.

La verdad siempre es primaria.

El que miente constantemente no tiene perdón.

Respetar lo ajeno es estar en paz consigo mismo.

Se puede ser humilde, pero no sumiso.

Se puede sentir la humildad, pero no la sumisión.

Hay que hacerse sentir, pero en el orden legal.

Hay errores que se pagan con la muerte.

Hay palabras que juegan su papel ante cualquier hecho histórico.

Detrás del olvido el recuerdo vive.
Nada se olvida si hay recuerdos.

Cuando no hay recuerdos no hay olvido.

El dolor es más fuerte que el perdón.

La humanidad está en pañales.

La mejor manera de perder es jugar.

Se puede pedir, pero no rogar.

La suerte a la fuerza, no es suerte.

*En la oscuridad la luz penetra cuando tiene
buen potencial.*

*Cuando la luz es pobre no penetra en la
oscuridad.*

La verdad es firme en cualquier terreno.

*La honradez cuando es firme no escapa,
se queda dentro.*

*El amor está ahí donde el dolor y el deber se
unen.*

*La hipocresía se manifiesta,
porque no puede esconderse.*

*Hay quienes su conciencia está más oscura
que el color de su piel.*

La conciencia no tiene color.

*Cuando la luz del pensamiento comienza a
apagarse es porque se pensó comenzar a
mentir.*

Cuando se comienza a mentir,

la luz comienza a disminuir.

*Despacio se llega lejos, pero rápido son
contadas las veces que se llega.*

*La dignidad no se cambia y mucho menos se
negocia.*

*Cuando muere la palabra ahí revive el
pensamiento.*

El dolor es agrio cuando el vino es dulce.

*Hay personas que aceptan más la mentira que
la verdad.*

*Los que son de pensamientos profundo
no piden clemencia.*

La clemencia es para los blandengues.

La inteligencia en el ser humano es lo máximo.

El perdón es brillo cuando el betún es blanco.

*Sólo se sabe cuándo se quiere.
Los cantos traen risas, pero a veces saben a
llanto.*

*Si el perdón es angustia, más angustioso es no
perdonar.*

*Cuando más se sabe, más se llora, y más se
sufre.*

*El brillo de la espada, es lo que determina,
no los ritos y los cantos.*

La paz está en calmar los pensamientos.

No se puede ser dos veces hombre, si no una.

*El odio es perdón de la ignorancia,
y cuando se cansa llora y se lamenta.*

*El perdón está en base al brillo de la
inteligencia.*

La traición es cosa de cobardes.

La ignorancia perdona con odio.

La honradez se premia.

*El odio es el puente de la cuerda floja. Se afloja
y cae.*

*Los traidores no mueren a la luz del día,
si no a la luz de la noche.*

*Hay quienes envuelven la hipocresía con risas,
chantaje, maldad y traición.*

La justicia también tiene su precio.

*Las flores libres viven su mundo, y se
alimentan de la crueldad.*

Donde termina el odio, ahí comienza el amor.

El odio es puntal fuerte de la ignorancia.

El odio es el amor perdido en el lodo.

A veces el odio engrandece a los enemigos.

A más odio más ignorancia.

El buen escritor no escribe con odio, si no con amor.

La Naturaleza es amor, no odio, ni venganza.

La inteligencia cuando brilla es porque en ella no hay odio, sino mucha luz.

Detrás del perdón está la cobardía.

Yo no sé perdonar.

El perdón para mí no existe.

El perdón es para los cobardes.

Detrás del perdón hay burla.

A veces se perdona por perdonar.

El perdón también tiene su hipocresía.

La mayoría de las veces se perdona por conveniencia.

El perdón tiene su precio.

El hombre hombre, no engaña.

*No se debe criticar por criticar, el deber es
analizar.*

Los que matan sin razón son cobardes.

A veces matar es cosa de cobarde.

*A veces cuando se mata es por temor a que nos
maten.*

*Lo más triste en esta vida es morir en manos
de un cobarde.*

No se puede ser guapo sin razón.

La burla es llanto de la ignorancia.

El llanto de ayer es la risa de hoy.

*La risa de hoy en muchos,
es posible que sea el llanto de ayer.*

La burla contiene dolor y miedo.

*La burla es risa y llanto de la ignorancia,
la cual trae dolor y huele a agrio.*

*Nuestro patio, por muchos baches que tenga,
es nuestro patio.*

*La necesidad induce a creencias.
Me dicen míster, pero soy compañero.*

No hay palabra mal dicha sino mal enténdida.

Los traumas producen desesperación.

En terrenos baldíos cualquier cosa que se coseche se hunde, y después no sale a la superficie.

La honradez se siente, y el que se cansa es porque nunca sintió la fiebre de la honradez.

La tierra no es de nadie, la tierra es de quien la vive y la trabaja.

El pensamiento del ser humano es más rápido que la velocidad de la luz.

...Sólo la verdad es la única que puede esterilizar la mentira.

La medicina natural es fundamental.

No hay bastión más fuerte que el pensamiento.

Felicidad es cuando no hay ninguna enfermedad.

La verdad es la que juzga la mentira.

Hay muchos que son grandes después de muerto.

Las enfermedades nos llevan por el camino del convencimiento.

No hay peor ignorancia que la de uno mismo.

*Hay muchos que cuando se les manifiesta
y desarrolla una enfermedad comienzan a
comprender mejor la vida.*

Témanle a la mentira y no a la verdad.

Hay mediocres jóvenes y hay mediocres viejos.

*Acomplejarse por tener cualquier enfermedad
es no comprender la vida.*

*La salud es la felicidad más grande que pueda
tener cualquier ser humano.*

El buen comprendedor no guarda rencor.

*Criticar es una de las tantas maneras de decir
algo.*

*Ser inventor es cosa de persona inteligente.
No hay peor crimen que la estupidez del
hombre.*

Ser sociable es ser natural.

*Ser sociable es aceptar y analizar el contentivo
natural de la vida.*

La venganza es base de la ignorancia.

Un buen comprendedor es un buen analizador.

Debemos tener paz y hermandad para lograr la

tranquilidad y felicidad en nuestro planeta.

No hay literatura más fundamental que la de una inspiración natural.

El sueño es alimento del cuerpo.

No le desees mal a nadie.

Hombre verdadero es aquél que actúa con la verdad.

Base fundamental de la vida es la de analizar la Naturaleza.

Hay quienes para triunfar tienen que entrar en el lodo de los desesperados.

Si llorar y sufrir es pureza, quiero llorar y sufrir hasta adquirir franqueza.

Todos los ríos cogen su cauce.

La hipocresía es la parte oscura de la vida.

Hay quienes manifiestan igualdad cuando tienen necesidad.

Discriminar cualquier ser humano no es justo.

La hipocresía es tempestad de la vida.

La hipocresía también es tenacidad de los pueblos.

Que sea la verdad la que reine en todos los rincones.

Fin a la mentira y curso a la verdad.

La psicología fundamental tiene su trascendencia.

Inteligencia es autoridad.

Habilidad es inteligencia.

Nada es seguro hasta que se obtiene.

Santería es hechicería, y es amante del "vudú"

En el constante esfuerzo está el éxito o la derrota.

No le temas a la vida si es que eres autoritario.

Quien desprecie su raza desprecia todas las razas.

Mentir es no sentir.

Tener vergüenza es tener moral.

Vergüenza es reputación.
Responsabilidad fundamental es la que está en uno mismo.

Cuando uno tiene moral no se debe codear con los que no la tienen.

No hay comprensión más fundamental que la que está en uno mismo.

Quien encubra la verdad es porque no tiene sinceridad.

Para tener un concepto fundamental de la ignorancia hay que percibir el desprecio de los necios.

Odiar es no razonar.

En un verdadero filósofo no hay venganza.

Calidad es garantía.

Complot es conspiración.

La comprensión surge de duras pruebas que sufre el corazón.

Ser bueno con el prójimo es ser ideal con la Naturaleza.

Tranquilidad es felicidad.

Apurarse es sofocarse.

Trabajarle a la sociedad es serle útil.

Prueba es convicción.

Sacrificio es honestidad.

Verdadero amigo es aquel que construye, no destruye.

El engaño no admite perdón.

Cualquier libro de buena literatura es virtud y despertar.

La honradez nace, se adquiere y se perfecciona.

No hay inteligencia más grande que la propia.

Educación fundamental es la que surge de un método natural.

No te duermas ante la verdad.

Amor verdadero es aquel que no tiene límites.

Acomplejarse es no comprenderse a sí mismo.

Cuando se quiere a una persona no se mira la situación, sino la condición.

Ser franco es ser justo.

El sostén de un hogar a veces son los hijos, pero más, la comprensión.

No hay sabiduría más grande que la que se adquiere día tras día.

Querer es condición.

Enamorarse es ilusionarse.

La vida es control no desesperación.

Ambición es destrucción.

En un amor verdadero no existe la maldad.

Romper los ecos de la verdad es romper el tambor de la vida.

Luchar y vencer es conseguir lo deseado.

Enarbolar la bandera de la paz es enarbolar la seguridad.

Cuando creemos que sabemos es cuando comenzamos a no saber.

El que sabe sabe y el que no sabe no sabe.

Cuando hay salud hay juventud.

Las raíces a veces producen grietas.

Los que anhelan riquezas no descansan hasta alcanzar sus ambiciones, al igual que los que anhelan poderes desesperadamente.

El dolor de la vida se opaca temporalmente; pero surge y se manifiesta en medio de las grandes vorágines del Mundo.

Disculparse con los semejantes es disculparse consigo mismo.

Verdad es moral.

*La luz que nos ilumina es ejemplo, que
debemos seguir.*

*Hay bien que es bien y hay bien que es apuro o
necesidad.*

*La soledad en un hombre está en contemplar
la suerte y tristeza de la vida.*

Hay hogares que son escenas teatrales.

*No ocultes la verdad en ningún sendero veraz.
La cultura perfecciona al hombre.*

*La cultura es progreso y ejemplo de todos los
pueblos.*

*La ley de la comprensión se aplica cuando no
hay suficiente razón.*

*El derecho constitucional es ejemplo vivo
de cualquier pueblo.*

*La ilusión de vivir en este planeta lo determina
el contentivo maravilloso de la Naturaleza
misma.*

*La lucha de un hombre en la vida es parte de
su propio destino.*

*Si el destino en muchos es progreso y en otros
es destrucción, quiero mantener comprensión
para no cometer errores.*

No ofendas la verdad, aunque mueras por ella.

En el esfuerzo por la vida está la victoria o la derrota.

La meta por cumplir con los deberes de la vida es satisfacción del espíritu.

La vida es ejemplo veraz.

Cumplir con las leyes de la Naturaleza es deber de todos.

Paz y confraternidad para los que luchan por la paz.

La verdad se lleva por dentro, no por fuera.

La verdad se lleva adelante como vanguardia y como ejemplo hacia la libertad y prosperidad de todos.

No hay razón más fundamental que las buenas cualidades de cualquier ser humano.

Hay quienes dicen mentiras y quedan bien, como hay quienes dicen verdades y quedan mal.

La palabra paz es símbolo de la verdad.

La puerta de la suerte está en nosotros mismos.

El destino que nos guía somos nosotros mismos.

La conciencia habla, la conciencia discute ante el dolor que la hiere.

El perdón es cobarde ante su propia muerte.

*La ternura es la vejez que camina hacia el
sentimiento.*

*Soñar es mantener la antorcha viva del
pensamiento humano.*

*La verdad no es para intimidar,
sino para decirla a la luz.*

Jugar con la verdad a veces es exponer la vida.

*La energía más fuerte es la que está en uno
mismo.*

El temperamento es fuerza, no debilidad.

*El racismo lo crean los explotadores y sus
anexos.*

Cuando más se lee y se estudia, más se sabe.

Cuando más se sabe más se sufre.

La verdad de la vida no es fácil hallarla.

*Nacer, crecer, progresar, desarrollarse y
avanzar son cosas de una sociedad justa.*

Donde hallan libros hay medios de enseñanza.

El trabajo es parte consciente de la vida.

Sacrificio es ejemplo.

Paz es fraternidad.

El fanatismo es ignorancia de uno mismo.

Reírse de los semejantes es reírse de uno mismo.

La diplomacia en una persona a veces es cosa de su nivel cultural.

El que tiene poca experiencia es porque tiene poca comprensión.

La incomprensión surge de la poca experiencia.

Mi filosofía es la filosofía que busca la unificación por medio de la razón.

La inteligencia se desarrolla según la experiencia.

Cuando no se sabe se sufre; pero no como el que sabe.

Qué importa que te critiquen por la función que realiza, lo que hace falta es tener moral.

Las escuelas son puentes de preparación.

Los niños son ejemplos para el porvenir.

La ambición es una equivocación que mantienen muchas personas que no comprenden la razón.

*Que es mucho lo que sufrimos,
que es mucho lo que reímos.*

A veces la ambición se convierte en traición.

*Predicar la verdad es luchar por erradicar la
falsedad.*

*El complejo de inferioridad es una sombra que
oculta la verdad.*

El complejo de superioridad es martirio.

*La hipocresía está inmiscuida en los asuntos de
todos los días.*

Vivir en paz es mantener tranquilidad.

La paz se alcanza y se busca.

*Si la paz es verdad, que se mantenga en la faz
de la tierra.*

*Cuando un hogar está perturbado es porque la
comprensión se ha escapado.*

*No hay moral más segura que una vasta
cultura.*

Escribir es producir.

*No hay despertar más bello que un saludo con
educación.*

Jerarquía es la que se le da al hombre según sus conocimientos.

La historia de cualquier persona la sabe él, y sus seguidores.

Los cuerpos también descargan energía.

No hay castigo más severo que sufrir y llorar constantemente.

Cuando se mata sin razón no hay justificación.

El amor material no es lo ideal.

Amar la ambición es mantenerse en contra de la razón.

La razón es un mandato del corazón.

Razón y verdad son una misma cosa.

La razón se desenvuelve según la comprensión.

No hay verdad más pura que la que surge del corazón.

La razón es un manantial de verdades que surge del corazón.

Cuando la comprensión sigue respondiendo es porque no falta la sinceridad.

Llorar sin saber la causa es no comprender las cosas.

*La discriminación es la tristeza más grande
que pueda conservar cualquier persona.*

*Hay quien vive por vivir;
pero no hay quien llore por llorar.*

*El ladrón, a veces surge del desempleo,
y del deterioro económico.*

*Somos muchos los que mantenemos
incomprensiones.*

Somos pocos los que mantenemos comprensión.

Razonar es despertar la conciencia.

Sin razón no hay experiencia.

La razón está en la experiencia.

*Cuando más sufro más río, cuando más lloro
más me desahogo.*

*Cuando estamos abajo somos despreciados
por los equivocados.*

*Cuando estamos arriba nos visitan muchos
hipócritas, acomodados y arrancados.*

*Sí el camino del deber de esta vida está en
nosotros la solución es cumplir el deber.*

Ser ladrón, es ambicionar lo que no es de uno.

Las leyes de la vida nos dicen:

Lucha y progresa.

La persona vanidosa ha llorado, y ha sufrido, pero conoce poco los rigores de la vida.

Ignorar la verdad es mantenerse en la oscuridad.

Cuando más veo más lloro, más razono, y más sufro.

Donde no hay razón no hay comprensión.

La comprensión es ley de las evoluciones del Mundo.

Si se hunde la verdad no habrá paz en ningún lugar.

Historia es recordar los aconteceres de la vida.

Venganza es ignorancia.

Placer es sentir deseo.

La risa hipócrita es amargura de la psiquis.

La verdad está dentro de uno mismo.

La venganza es la expresión más extendida de la ignorancia.

La verdad no se imita, se cumple de corazón.

Disociarse de la verdad es disociarse

de la realidad.

*No hay sufrimiento más grave que el de una
enfermedad incurable.*

*La vida terrenal es un teatro
en muchas ocasiones.*

*Erradicar la ignorancia es erradicar
la venganza y la maldad.*

*Basta de mentiras, que sea la verdad la que
mande.*

La verdad jamás se unirá con la mentira.

La marcha de la vida es triunfar.

*La vida es un manantial de sabiduría
inagotable.*

Erradicar la sugestión es avanzar.

*Erradicar la prostitución es erradicar parte de
la corrupción.*

*Combatir la maldad es reflejar verdad.
Nunca seré traidor a ninguna causa justa.*

*La verdad se manifiesta a la luz de la
humanidad.*

Donde hay ignorancia, ahí no estará la verdad.

Ser leal es ser legal en cualquier lugar.

*La justicia se extenderá por todos los rincones
de la tierra.*

Nunca se debe despreciar la verdad.

*Historia sagrada hay una, la de las grandes
escrituras.*

Que la injusticia sea apagada con la verdad.

*Burlarse de los que saben
es burlarse de sí mismo.*

*Si no tienen para lograr,
mucho menos tienen para rechazar.*

*La madre es el perdón al derecho más
profundo.*

*Hay amores que cierran grietas,
como hay amores que abren grietas.*

Cuando no hay derecho, no hay deber.

*De la ignorancia nada más que surge
ignorancia.*

Aceptar la parte negativa de la vida es un delito.

*Hay dolores que matan
y hay dolores que curan.*

Los que curan surgen de la Naturaleza misma.

Está bueno de mentir tanto, que se mantenga la verdad.

No hay filosofía más avanzada que una vasta y conspicua comprensión.

Practicar venganza es estar bañado por la ignorancia.

En cualquier evolución de la vida se inmiscuye la comprensión.

Mientras hayan religiones habrá ignorancia.

Practicar la maldad es no ser veraz.

Me veo obligado a escribir para decir lo que siento.

Sin la pluma no me considero escritor.

La tierra es ejemplo.

El apuro es perjuicio.

La vida es un calvario para muchos.

*Añorar lo querido es recordar lo sentido.
La filosofía de la razón está en el corazón.*

Verdadero escritor es aquel que el llanto lo lleva dentro, muy dentro.

Aceptar la verdad es erradicar la falsedad.

Llegará el día en que el Cañón de la Mentira no disparará.

Hay quienes buscan evolucionar como medio de superación y a veces encuentran perturbación.

Somos ejemplo y deber.

El derecho a la vida es un deber.

Luchar por el porvenir es cosa de toda persona que piensa en el beneficio común.

Esperanza es aquella que se persigue.

La tierra no es de unos cuantos, la tierra es de todos.

La tierra es de quien la trabaje.

La tierra produce para todos, por lo tanto es de todos...

El dolor más fuerte que pueda sentir cualquier persona está en su psiquis.

La moralidad de la psiquis es uno de los baluartes más preciosos que se pueda conservar.

El dinero le compra la conciencia a los débiles.

No hay dinero en el mundo para salvar la salud de cualquier ser humano.

La honradez está por dentro, no por fuera.

La igualdad se complementa con la educación y la cultura.

A más cultura más igualdad.

La igualdad es la cultura que encabezan los pueblos.

El perfume verdadero de nuestro estado biológico es nuestra higiene general.

Cuando se rompan las cadenas del silencio se abrirán las puertas del porvenir.

La única verdad de decir las cosas es con la justicia.

El peldaño de la vida está en nuestro camino.

Debemos luchar para mejorar lo que podamos, no luchar para quitar las cosas buenas.

A veces, decir adiós es una forma de decir las cosas.

La esperanza es una lucha constante ante todo tipo de situaciones.

Cuando se deja de ser honrado por una u otra circunstancia la cuna que nos vio nacer tiembla.

Cuando se pierden la moral, y la honradez

comenzamos a sentirnos inválidos.

*Cosas que se deben cuidar son: hombría,
honradez, y moral.*

*La verdad es más clara que el agua de
cualquier manantial.*

*Hay que ser fuerte mentalmente para no caer
en nada ilegal.*

*En la Sociedad Humana están los que se
mueven... y a los que hay que mover...*

*Las grietas desaparecen con la firmeza del
pensamiento.*

*Hay hombres que se protegen con la dignidad
de sus esposas, como hay mujeres que se
protegen con la dignidad de sus esposos.*

No hay peor cobardía que la que crea la mente.

*La salud sin problema es como un manantial de
agua fresca y cristalina.*

La cortesía a veces es base de la hipocresía.

La honradez es justicia

*Hay personas que están llenas de ambiciones,
como hay personas que no tienen ninguna
ambición.*

Oportunidades tenemos todos,
para seguir y ayudar.

No ambiciones poderes ni riquezas,
deja que la vida te proporcione
lo que te mereces.

Los anexionistas, son hombres de siete meses.

La fuerza del pensamiento, siempre que sea en
beneficio de la Humanidad,
es una fuerza firme.

Hay sacrificios que no se agradecen.

Hay a quienes la vida le brinda una oportuni-
dad y hay a quienes la vida le brinda muchas;
pero hay a quienes no le brinda ninguna
oportunidad.

Todos tenemos un criminal escondido.

La experiencia, controla los instintos.

El fanatismo, es una fuerza de poca firmeza.

No tires piedras y escondas las manos.

Los hombres justos mantienen su posición y
principios.

Mis escritos valen más que mi propia vida.

La vida siempre descubre el peldaño de la
injusticia.

La vida tiene dos caras: la del bien común, y la del mal.

El arrepentimiento no está en ir a la iglesia. Está en uno mismo.

Ser filósofo no es cosa fácil, es un manantial que brota del Contentivo-Específico-Natural de la vida.

*Sólo he visto en los traidores
envidia y venganza.*

La blandenguería es fuente de soborno.

Hay quienes quedan en el camino del olvido.

*Los hombres de verdad
no tiemblan ante ninguna situación.*

La literatura se crea.

Los buenos escritores no son financieros.

*Hay muchos hombres de verdad,
y hay muchos hombres de mentira.*

Sépase bien que somos parte de la historia de la humanidad.

Los que simulan ante el talento tienen poca luz.

Los simuladores del talento son fraguas de energías negativas.

La verdad aclara cualquier problema.

*Se hace sentir la Tierra ante cualquier
injusticia*

La injusticia tiene momentos en que flaquea.

*Matar cualquier idea en beneficio de la
colectividad Humana,
es cometer un crimen a sangre fría.*

*Las personas se valoran por sus ideas,
no por el color de su piel.*

El hombre hombre, actúa, no amenaza.

*A veces quien menciona mucho a su enemigo
es porque lo quiere.*

*La generosidad nace, se perfecciona y crea
raíces.*

Las mujeres son ternura de nuestro planeta.

La generosidad es espada de la defensa.

La pluma es mi mejor defensa.

*La palabra Basta... ha terminado
y han comenzado los hechos de la historia.*

Decir verdad es hacer justicia.

Para muchos la verdad es un vino muy agrio.

*La palabra verdad está a la cabeza de todas las
palabras.*

La verdad no tiembla ante la injusticia.

La obra de los poderosos es la explotación.

*Hay quienes se forjan en la fragua de la
sabiduría,
como hay quienes se forjan en la fragua de la
ignorancia.*

*La sabiduría está en nosotros;
pero también se adquiere y se perfecciona.*

*Profesor de media talla es aquel que no se
Preocupa y mucho menos se ocupa
de la asistencia, puntualidad, enseñanza
y éxitos de sus alumnos.*

*Los buenos profesores no se cansan
en la fragua de la enseñanza.*

*Los profesores de cuna jamás conocen el
descanso.*

*No quiero el pan de la explotación;
sino el de la humildad.*

*Comer con humildad es comer con
tranquilidad.*

*Hay discusiones que se producen por el poco
razonamiento.*

La verdad no se discute, se acepta.

Ser digno es ser honrado.
*La honradez es símbolo sagrado del beneficio
social.*

Del dolor surge la verdad.

El dolor saca la verdad a la luz.

Sólo la verdad tranquilizará la faz de la tierra.

No hay honradez sin dignidad.

El egoísmo es tumba de los desesperados.

*Suerte es la que está fuera del sacrificio,
y a veces dentro del sacrificio.*

La suerte es la parte superior del sacrificio.

Los verdaderos hombres no son bajo.

La honradez verdadera cumple con todo.

*Hay quienes han manchado al Mundo con su
ignorancia.*

*La ignorancia es el monstruo del
desconocimiento de los pueblos.*

*...También la ignorancia es el monstruo de la
destrucción del pensamiento humano.*

El ignorante no sabe apreciar la libertad.

La verdadera libertad está en el pensamiento.

*El Sol es la única luz
que de una forma u otra nos ilumina a todos.*

*Los hombres y las mujeres no se miden por su
tamaño, sino por su grandeza de espíritu.*

La sencillez es parte de la humildad.

*La sinceridad es parte de la sencillez de
espíritu.*

*Erradicar la ignorancia es erradicar el estado
bestial del ser humano.*

*La tumba de la ignorancia está abierta;
sólo hace falta matar la ignorancia para
enterrarla.*

*La ofensa es cosa de la poca educación e
ignorancia.*

*La lucha por la igualdad es una tarea ardua y
acre.*

*La sociedad humana se perfeccionará según el
pasar del tiempo.*

Discriminar a cualquier hombre, es injusto.

Color no, condición sí.

La infidelidad es cosa de la poca experiencia.

Las religiones son entretenimientos para muchas personas.

Cuando discriminamos a cualquier ser humano es porque creemos que somos superiores.

Creer que se sabe es comenzar a no saber.

Siempre hay un ojo que lo ve todo.

La mentira es la expresión que más fácil se descubre.

Decir mentiras es no ser sincero.

La filosofía del mentiroso es hipócrita, barata, Mediocre y sucia.

A veces, prestar es buscarse enemistades.

Mientras haya ignorancia habrá mucha muerte.

La ignorancia es muerte de los pueblos.

Cada cual a veces está en el lugar que le corresponde.

No importa la raíz, sino la fuerza de dicha raíz.

Criticar es una de las tantas maneras de decir algo, cierto o incierto.

No se debe jugar a la mentira, sino a la verdad.

Cuando se juega a la verdad, se gana más.

*A veces cada hombre o cada mujer,
está en el camino de la desesperación.*

La paz es símbolo de cualquier acuerdo.

La bandera es símbolo de consagración.

La bandera se respeta.

*Respetar la bandera de cualquier pueblo
es respetar su dignidad.*

Bandera significa dignidad.

*Verdadera necesidad es la que se siente,
no la que se tiene.*

*Los hombres no se miran por fuera, si no por
dentro.*

*El inmoral es amigo del libertinaje, no de la
libertad.*

*El inmoral a veces juega con la libertad
aúnque se dañe constantemente.*

*El inmoral no tiene honestidad.
Jamás la verdad morirá.*

*Hay cosas que saben muchos inteligentes
que muchos sabios no saben,
como hay cosas que saben muchos sabios
que muchos inteligentes no saben.*

El chisme es cosa de persona mediocre y baja.

Cada uno tiene a veces lo que se merece.

*Ser muy sexual a veces es cosa
de la mediocridad de espíritu.*

*Actuar normalmente en todas las cosas es parte
de la firmeza del espíritu.*

No le huyas a la verdad si es que estás con ella.

Luchar por la vida es cosa de persona valiente.

*La inteligencia brilla cuando está al lado de la
verdad.*

Hombre significa condiciones humanas.

Criticar a veces es cosa de cobardes.

*La firmeza de pensamiento en cualquier ser
humano es lo ideal, siempre que sea en
beneficio de la colectividad humana.*

*Todo triunfo verdadero es producto de una
causa justa.*

*La justicia no se mendiga, se cumple a
cabalidad.*

La justicia verdadera es un deber.

*Hombre de principios es aquel que su moral
es intachable.*

La ínfula de grandeza es cosecha de la envidia.

Los cementerios son lugares de ubicación de la materia, no de resignación del espíritu.

Lo que se ve es transitorio, pero lo que no se ve es perenne.

Ser honesto es una de las mejores formas de ver las cosas tal y como deben ser.

La corrupción no se estudia, se forma y crece según el medio.

*Hay muchos hombres de verdad,
y hay muchos de mentira.*

La vida es preferible perderla antes que mendigar.

*Los de verdad están a lado de la justicia
y los de mentira están al lado del chantaje,
el crimen, la corrupción, el engaño,
y la traición.*

La fortaleza de pensamiento de cualquier hombre o mujer, está allí donde está el deber.

Matar las ideas buenas de cualquier hombre o mujer, es cometer un crimen de lesa humanidad.

Unirnos todos es el único camino para triunfar.

*La verdad está donde está el deber, no donde
están la maldad, el chantaje, la corrupción,
 el maltrato, el soborno y demás.*

*El trabajo no se mendiga, se exige con respeto
y dignidad.*

*La verdad está en todos los rincones de nuestro
planeta.*

La verdad está allí donde está el deber.

*La verdad es como las aguas dulces
 y cristalinas.*

La verdad aunque duela es verdad.

*La moral como se sabe se forma, se desarrolla,
y se perfecciona; pero la corrupción del medio
influye mucho, y hay que tener mucha fuerza
para mantenerla.*

Cosa de cobardes es no tener valor para luchar.

*En la vida no se debe mendigar para vivir,
 y existir. Sí hay que perder la vida, se pierde.*

Mendigar en la vida es no tener principios.

Mendigar trabajo es o tener reputación.

*El trabajo no se mendiga,
se adquiere mediante el respeto,
la sinceridad y los conocimientos.*

Bailar es desahogar la psiquis.

*Quien baila se entretiene y disfruta
la música y el momento.*

*La felicidad verdadera es la salud psicofísica
y después lo demás.*

El amor no se compra con dinero.

Decir y no hacer es no decir.

Tener bondad es tener sinceridad.

Bondad es lealtad.

*La bondad se forma,
se desarrolla y también se perfecciona.*

Las ideas buenas y firmes no se compran.

*Las ideas se forman, se adquieren
y se perfeccionan según el medio.*

*La verdad no es para unos cuantos,
la verdad es para todos.*

La verdad es causa justa.

La comodidad no se mendiga, se espera.

El progreso no se mendiga, se espera.

Los órganos no se venden, se donan.

La inteligencia no se compra,
se desarrolla y se perfecciona.

Salud es vida.

La sangre no se comercia, se dona.

La lucha por la vida es constante
en cualquier lugar del Mundo.

A más cultura más igualdad.

La verdad no se oculta, se manifiesta.

La verdad es uno de los caudales más preciosos
que puede tener cualquier persona.

Al mediocre dale comida, vestuario y diversión.

Dirigente verdadero es aquel que no se deja
sobornar.

Hay quienes cuando se sientan en la silla
del deber se les olvida la verdad.

A los de verdad no se les olvida nada,
pero a los de mentira se les olvida todo.

La salud es lo más precioso que existe en el
Mundo.

Sin salud no hay vida.

La razón no se discute, se respeta.

Razonar es respetar.

Con la verdad se triunfa.

Decir verdad es decir triunfo.

*Mantener duda en el amor es mantener
infelicidad.*

La plena dignidad se siente.

*La dignidad plena es la de las personas
que sienten por los semejantes.*

Donde hay amor hay estímulo.

Cuando hay amor hay aliciente y alegría.

El amor verdadero se paga con amor.

Las buenas ideas no son mercancías.

*Las buenas ideas, si no se aceptan se deben
respetar.*

*Respetar a los semejantes es respetarse a sí
mismo.*

*Los buenos generadores de ideas en beneficio
de la Humanidad, son inagotables.*

*Las buenas ideas siempre triunfan en el terreno
de la razón.*

El amor no tiene frontera.

Verdad hay una: la que se cumple a cabalidad.

*La verdad y la inteligencia son luces
que cuando se complementan brillan más.*

La salud no tiene precio.

*La sencillez es grandeza en cualquier hombre,
mujer y niño.*

Las buenas ideas surgen y se perfeccionan.

Cuando se quiere se puede.

*La vejez es una luz que con el pasar del tiempo
se va apagando.*

*A veces nos enterramos en el lodo de nuestro
propio destino.*

Las ideas buenas se deben respetar.

*Las ideas buenas, aunque se acepten no se
deben sobornar.*

*La verdad tiene una sola cara, pero la mentira
tiene muchas.*

Pensar es analizar.

La lucha por la vida es un deber de todos.

*Criticar a veces es envidiar por no lograr
ciertos objetivos.*

Ocultar la verdad es mantener la luz a oscuras.

Verdad es progreso.

Decir verdad es manifestarse por doquier.

*Cuando se dice cualquier verdad es porque se
está cumpliendo, o se va a cumplir a cabalidad.*

Decir verdad es manifestar sinceridad.

*Sólo la verdad recorrerá los mejores rincones
de la Tierra.*

Cuando hay verdad se triunfa.

*Entre los hombres hay dos bandos que son:
los que están al lado de la verdad,
y los que están al lado de la mentira.*

*Toda persona honesta triunfa,
sino triunfa es porque le falta valor,
honradez, y honestidad.*

*Hay quienes tienen dos caras que son:
los que juegan con la verdad,
y están al lado de la mentira.*

El ladrón se alimenta del sudor de los demás.

*Verdadero sacrificio es aquel que se logra
con el trabajo y no con la suerte.*

La verdad no se discute, se acepta.

La dignidad está en el cumplimiento del deber.

*La dignidad no se compra,
se forma en la cuna y muere en la tumba.*

Ser digno es ser honrado.

*La honradez es símbolo sagrado de los que
piensan.*

Del dolor surge la verdad.

Sólo la verdad tranquilizará la faz de la tierra.

*Verdad hay una, la que surge de nuestro
corazón.*

El egoísmo es tumba de los desesperados.

El machismo es violencia de la ignorancia.

La verdad no duele cuando se comprende.

Los niños siembran felicidad.

No te fíes del sumiso.

La cultura busca cultura.

*Cuando se siente el amor no valen leyes ni
fronteras que lo separen.*

*No huyas de tu camino porque tarde o
temprano retornarás a él.*

*La vida encierra un vasto y conspicuo
fenómeno psicológico.*

*Uno se debe codear con quien cree que es
consciente.*

*Hay quienes demuestran ser felices
y son verdaderamente infelices.*

Las aberraciones destruyen la mente.

*No te concentres sin necesidad, hazlo cuando
sea necesario.*

*Ser en esta vida un equivocado con los
semejantes es crearse odio por doquier.*

La inteligencia es base fundamental de la vida.

*Los inteligentes a veces están donde se merecen
estar.*
*Los necios a veces están donde se merecen
estar.*

*El deber de todo hombre en la tierra es cumplir
con sus obligaciones.*

*Cada uno comprende la vida según su
experiencia y cultura.*

*Para los hombres audaces
no hay nada más importante que sus ideas.*

A veces uno tiene lo que se merece.

En la historia de los grandes hombres se encierra un dolor profundo.

El racismo, equivocación del ser humano.

Apreciar la pintura es apreciar lo bello.

Apreciar la pintura es apreciar la cultura.

Apreciar la cultura es apreciar la literatura.

La Naturaleza es un conjunto de conocimientos técnico-científicos.

Ser pintor es ser creador.

Ser pensador es ser analizador.

La palabra más grande que existe en la vida es la palabra verdad.

Sufrir es sentir.

El avance de los hombres está en su inteligencia.

Cuando la inteligencia se manifiesta no vuelve a fugarse.

A veces mirar hacia el futuro es sentir seguridad.

La comprensión es simiente de la felicidad.

A veces ser comprensivo es ser pasivo.

Cada persona reacciona según su comprensión.

Cuando se quiere de verdad no se engaña.

La falsedad es parte negativa de la vida.

Los valores materiales no se mendigan.

*La verdad está en nosotros,
lo que hay es que luchar por despertarla.*

*No mires la vida desde un punto ambicioso,
mírala desde los mejores ángulos del beneficio
colectivo.*

La inteligencia es prosperidad del ser humano.

Ser inventor es ser creador.

Ser escritor es ser creador.

Ser pintor es ser creador.

*Responder con la verdad es cosa de persona
inteligente.*

*No importa que la vida nos condene,
si es que comprendemos sus órdenes.*

*El manantial más grande de la vida es la
inteligencia.*

*La comprensión es base fundamental de la
inteligencia.*

Discutir sin razón es no tener comprensión.

La comprensión es base fundamental en cualquier hogar.

La inteligencia está en el despertar de cada cual.

*No sufras por tus penas
si es que has hecho un auto-análisis.*

Tu camino debe estar limpio, para no ser criticado.

El camino a seguir es el de la verdad y la igualdad.

No juegues con tu destino.

La mayor fuerza de la vida es la voluntad.

No importa que elementos racistas te discriminen, levanta tu frente y sigue adelante.

La lengua es dolor y felicidad.

Amar la vida es amarse a sí mismo.

La verdad no se mendiga, se siembra.

Inteligencia es progreso.

Paciencia es experiencia.

Igualdad es sinceridad.

Cada cosa tiene su origen.

Progresar es cosa de todos.

Obra básica de la vida es progresar.

La igualdad es fuerza de la voluntad.

La verdad no se oculta, se dice.

En el sacrificio está el progreso.

Ser pintor es ser comprendedor.

Todo pintor debe ser escultor.

Comprender la vida es un arte.

La igualdad es pureza y justicia.

*El origen fundamental de cada cosa es su
propio origen.*

Las pruebas de la vida son sus experiencias.

A veces en las ilusiones hay desengaño.

La razón es una ley de la vida.

La luz de la verdad es la que luchará y vencerá.

A veces equivocarse es aferrarse.

A veces en la disposición está la solución.

Inteligente es aquel que medita.

El inteligente que trabaje con personas no inteligentes, sufre las consecuencias.

Paz es seguridad.

El que no valore su inteligencia no es inteligente.

Comprensión es inteligencia.

La Naturaleza es base de una ejemplaridad eterna.

En la condición personal está la inteligencia.

Crear condiciones humanas es crear inteligencias.

Con la inteligencia hay paciencia.

En la paciencia está la inteligencia.

Inteligencia es experiencia.

*Entregar a las autoridades cualquier ser humano injustamente,
es cometer la más alta barbarie.*

A veces la equivocación es rencor.

No importa que se tenga paciencia,

si es que hay conciencia.

A veces todo es un torbellino.

Trabajar con apuro es cosa de persona no comprensiva.

Si es triste la esperanza más triste es la propia vida.

El que ama la grandeza es porque la ínfula lo tiene inquieto.

Simpatizar con la prostitución es no tener condición.

*La comprensión es ley de la razón
y de la evolución de la vida.*

La comprensión es base de la vida.

La verdad es una luz que jamás se apagará.

Con las relaciones surgen amistades.

No te indignes de tus cosas, sí estás recibiendo provecho.

*No tiembles ante la vida
si es que la comprende.*

No odies a tus semejantes si es que los conoces.

No llores ante tu destino aunque la cuita te bañe.

La unidad sexual es ley de la vida.

La grandeza en cualquier ser humano está en su inteligencia.

En el sufrimiento está la grandeza.

Cuando se comprende la vida se sufre mucho.

Las inteligencias despiertan experiencias.

Cuando no se sufre es porque no se comprende la vida.

Sufrir es comprender.

Cuando no se comprende la vida no se sufre lo necesario.

La vida es un manantial de lágrimas.

Los eslabones más fuertes de la vida son el llanto y el dolor.

No hay más verdad que la sinceridad.

Verdadero responsable es aquel que cumple con sus responsabilidades.

El mejor Don de la vida es la inteligencia.

La vida es un fantasma que aterroriza a sus propios hijos.

Comprender la vida es saber su estatura.

No hay ninguna tendencia filosófica que se grabe en la conciencia a la fuerza.

Cualquier función lícita es honrosa.

No hay nada más considerable en esta vida que los buenos actos.

Sólo la honestidad nos dice la verdad.

De la honestidad surge la verdad.

Nunca se debe mirar el lado de la comodidad, si no el de la necesidad.

En el deber están los mejores frutos.

Cada persona está dentro de un proceso racional evolutivo.

La venganza es llave de la indignación.

Decir verdad es reflejar verdad.

Ser cobarde es ser temeroso a su naturaleza.

No hay verdad más grande que la que surge de las grandes profundidades del alma.

La comprensión es ley del progreso.

La comprensión es ley del progreso.

Las personas comprensivas son progresistas.

Justicia verdadera es la verdad.

La vida tiene muchos peligros por doquier.

No hundas tu sinceridad en el camino de la vida. Viértela como las grandes fraguas.

Sólo hay un momento en que la ignorancia no tiembla, cuando razona ante la crueldad.

La lengua es azote del cuerpo.

A veces lo que no se logra, es porque no se quiere.

Cuando hay mucha luz no se debe amar la oscuridad.

Los grandes no sienten la grandeza.

Los grandes hombres siempre han sido sencillos.

La vida es una cadena donde cada eslabón coincide con la evolución del Mundo.

No se equivoquen con la justicia, ella está en nosotros.

La verdad se engendra, por eso está en lo más profundo del alma.

Toda verdad es un ejemplo.

La historia de nuestros buenos actos, es un ejemplo que está a la luz.

En la comprensión está la unificación.

No hay verdad que se una a la mentira.

Si tu mal no tiene cura, por qué te apura.

La grandeza no existe para los que piensan.

La envidia surge de sentimientos indignos.

Traicionar la verdad es traicionarse a sí mismo.

No existe grandeza sin comprender la vida.

No hay riqueza más grande que la salud psico-biológica.

No hay mejor grandeza que la inteligencia.

Una parte de la humanidad vive de la ficción.

Una parte de la humanidad vegeta en la mentira, en el atraso y en la ignorancia.

No digas que en ti reina la sinceridad hasta que no reflejes actos honestos.

Mis más modestos esfuerzos los he dedicado a la colectividad humana.

La necesidad toma un aspecto fundamental en la vida.

Casi todo tiene su lógica.

Unirnos todos es un deber.

*La verdad está en nosotros, lo que hace falta es
despertarla.*

La verdad está en la conciencia.

*Sí la vida es un vino que sana,
desearía seguir tomando ese vino.*

Paso a la verdad y no a la mentira.

*Cambiar el curso de la historia es cosa de
persona inteligente.*

Verdad hay una, la de la razón.

*No hundas las mejores páginas de tu vida
en el llanto y el dolor.*

*Cuando el enemigo habla mucho y después
calla, es porque se convenció.*

Cuando la luz llega, no hay quien la detenga.

Faltarse el respeto es no considerarse.

*Están los que luchan para tener riquezas,
y están los que no tienen y luchan.*

*Amigo es aquel al que nos unen la afinidad,
el respeto y la familiaridad.*

La hipocresía es filosofía barata de la vida.

La verdad es ejemplo.

Hombre verdadero es aquel que no se deja sobornar.

Las monedas fuertes son motivo de corrupción.

Soborno es corrupción.

La traición a veces se paga con la muerte.

No es momento de esperar, sino de continuar.

Las grandes ideas siempre están vivas.

En un buen comprendedor no existe la grandeza.

En el sacrificio está la grandeza.

El verdadero sacrificio es el de todos los días.

Que pase la verdad y que se detenga la mentira.

Ya es hora de que se comprenda la verdad.

Ya es hora de que se entierre la mentira.

La justicia hace falta para calmar la sed de venganza en muchos seres humanos.

La verdad no se oculta, se pone a la luz de la humanidad.

La verdad no es para ocultarla, sino para decirla.

Verdadero amor es aquel que se forja en la fragua de la vida.

Hombre verdadero es aquel que se forma en la lucha de la vida.

Mendigar es no respetarse.

Progreso a la verdad, y fin a la mentira.

Dígase la verdad y se comprenderá todo.

Desesperarse es aterrarse.

Verdadero hogar es aquél donde los cónyuges se respetan.

Persona sin principios es aquella que deja su Patria por un plato de comida y le pide refugio al extranjero.

La discordia es táctica barata de la vida.

La tumba es el camino de todos.

No hay verdad que no sea atendida cuando se es comprensible.

El poder de cada persona está en la inteligencia y en su sentimiento.

No desvíes tu vida por sendas oscuras.

Busca la luz y sigue tras ella.

La naturaleza es eje de todo movimiento.

La honradez es luz y verdad.

*La claudicación es hundimiento de los
impotentes.*

*No te desanimes ante ningún revés, si es que
eres
luchador.*

Hay más amigos falsos que verdaderos.

*Cada persona actúa de acuerdo con su
inteligencia.*

*Verdadera personalidad es la que está por
dentro.*

*Lo fundamental en esta vida no es saber,
si no comprender.*

La fragua mayor de la vida es la salud.

No digas que eres feliz, si estás sufriendo.

*La verdad es el ejemplo más alto que pueda
existir en la faz de la Tierra.*

*Hay muchos que reflejan autoridad
y no son autoritarios.*

Los hombres verdaderos no miran la comodidad, si no la necesidad.

No hay verdad que no juegue un papel importante en la en la vida.

Hay quienes aceptan responsabilidades porque quieren comodidades.

Vocación verdadera es aquella que se manifiesta y se desarrolla.

Los buenos pensamientos pertenecen a los hombres de buen despertar.

No se debe engañar, porque engañar es traicionar.
No hay mentira sin verdad.

El fanatismo es una tormenta que aterroriza a la humanidad.

El deber y la disciplina de cada uno de nosotros están en nuestra conducta.

La envidia es una serpiente que se oculta.

Hay quienes no manifiestan su inteligencia y están por encima de muchas inteligencias.

La salud y la inteligencia son las mayores riquezas que puede tener cualquier ser humano.

Hombre sencillo es aquel que mira el lado del deber y no el de la comodidad.

Las religiones son estorbo para el desarrollo de la humanidad.

La educación es base sólida para cualquier desarrollo.

La verdad se está propagando por toda la faz de la Tierra.

La verdad se acepta, la mentira no.

Decir la verdad es sentirse feliz consigo mismo.

Un hombre de verdad no debe ser bajo.

Madre hay una: la del vientre, la del cuidado, la del llanto, la de la felicidad y el porvenir.

La verdad no se esconde.

La brujería es una práctica negativa de la vida.

Todo tiene un lado claro, como todo tiene un lado oscuro.

Los pensamientos positivos son cumbre del porvenir.

Hay quien tiene sombra, como hay quien no la tiene.

La sombra a veces traiciona.

No tener sombra es una virtud.

*La madre se cuida y se respeta, no se abandona
y mucho menos se ofende.*

*En los sueños a veces hay revelaciones
positivas y negativas.*

*Los sueños no son más que pensamientos
archivados, los cuales se manifiestan
cuando se les da salida.*

*No hay palabra mal expresada, sino mal
entendida*

*No hay fuerza tan poderosa como la razón de
seguir viviendo.*

*No empañes el cristal de tus pensamientos con
la hechicería. Lucha por mantenerlo lúcido.*

*La verdad no se niega.
No digas mentiras, porque te estás engañando.*

*La mentira es engaño y el engaño surge de la
mentira.*

*Hombre inclinado a cualquier rama del saber
es aquel que realiza sus tareas
desinteresadamente.*

*Sólo se ocupa y se preocupa por el beneficio
colectivo.*

No hay condenado sin condena.

No hay condena sin condenado.

La injusticia surge de la ignorancia.

No te disgustes por nada, ni para nada.

Lucha por comprender tus propios deberes.

Paciencia es experiencia.

*Ser sabio no es querer serlo,
es sentir y manifestar la corriente de serlo.*

*Cada hombre y cada mujer tienen su propia
personalidad.*

Rectificar es cosa de toda persona inteligente.

*La inteligencia de cualquier persona está en su
propia intuición.*

*Administración verdadera es aquella que está
en nosotros.*

Domina tu yo y verás tu felicidad.

*Sí la vida es dura y si también es triste,
más dura y más triste es para los débiles.*

*La mejor disciplina de cualquier persona es su
propia disciplina.*

*Toda persona equivocada
cae en la trampa de su propio destino.*

La tumba es para todos, no para unos cuantos.

El oportunismo es palanca del extremismo.

El éxito a veces está en el sacrificio.

*Cada hombre y cada mujer actúan de acuerdo a
su propia inteligencia.*

Verdadero hombre es aquel que es inagotable.

*Las bases de todo progreso son:
la inteligencia y las relaciones humanas.*

Un buen pensador actúa con control.

*Verdadero filósofo es aquel que nunca cree ser
filósofo.*

*Ser filósofo no es cosa fácil, es un manantial
que brota de los conocimientos y de las
experiencias.*

El engaño es traición.

*La moral es un factor principal en cualquier
persona.*

*La tumba es silencio y tranquilidad eterna de
los cuerpos inmóviles.*

Verdadero hombre y verdadera mujer son aquellos, que reúnen las cualidades morales necesarias.

No te fíes ni de tu sombra.

En el futuro los hombres se amarán.

Las mujeres son energías y consuelo.

Pedir disculpa es una manera de pedir perdón con educación.

La observación más grande de todo hombre y mujer está en su intuición.

No hables de disciplina, si no la tienes.

Hay quienes manifiestan autoridad y no la tienen.

La salud es la mayor riqueza del ser humano.

Ambición es equivocación.

La verdad realiza un papel importante ante la historia de las civilizaciones.

El hombre para vencer su impotencia ante la vida debe ser audaz.

Historia es lo que ha hecho el hombre.

Verdadero psicólogo es aquel que desarrolla su propia psicología.

Ayudar a los semejantes es ayudarse a sí mismo.

Cada hombre y cada mujer realizan cosas importantes ante su propia vida.

Salud es fuerza y armonía.

Hay amigos que dicen ser amigos y son enemigos.

La resignación a veces es un baluarte poderoso.

Cada uno de nosotros está a veces donde nos corresponde estar.

La hipocresía es tumba de la desgracia.

Los derechos no se niegan y mucho menos se discuten.

Anda solo y comprenderás tú soledad.

Sí reflexionas cuando andas solo, comprenderas mejor la vida.

Persona justa es aquella que está al lado de la justicia.

Desesperación es desorganización.

Igualdad es respeto.

Comprensión es razón.

No demuestres ser inteligente si no lo eres.

*Sólo sé que sé muy poco y sé que me falta
mucho por aprender.*

*No importa que la verdad se oiga lejo,
lo que hace falta es que se comprenda.*

No digas que eres sabio sin tener sabiduría.

*Todo hombre debe luchar hasta alcanzar una
vasta cultura.*

*Todo hombre verdadero busca su propia
filosofía.*

*No importa que te critiquen, sigue adelante,
y lucha para progresar,
y beneficiar a la Sociedad Humana.*

Toda risa verdadera es satisfacción.

Justicia es abrir senderos.

Nada es imposible para los que luchan.

*El final de la ambición es entrar en la tumba de
los desesperados.*

La verdad es ejemplo y dignidad.

*No hay momento de descanso mientras no se
logre el progreso de nuestro planeta.*

No se debe leer por leer, sino leer para saber.

*Si solo se sienten los desesperados
más solos se sienten los que no tienen decisión.*

La verdad es el camino más justo que existe.

*Decir verdad es la mejor forma de empezar
a comprender las cosas.*

La verdad no se condena.

Condenar la verdad es condenarse uno mismo.

Las palabras bien dichas aclaran dificultades.

*Hay muchas personas que son anti-sociales,
por la mala educación social que le han dado
sus padres.*

La vida es ley y sacrificio.

Grandeza es inteligencia.

*A veces disculparse es una de las tantas formas
de pedir perdón.*

La verdad también hace llorar.

No ocultes lo que sientes.

No ocultes la verdad, sácala a la luz.

No defiendas la mentira.

*Los verdaderos hombres miran el lado del
deber.*

La pluma es un arma poderosa.

*Los verdaderos logros de la vida
están en el camino del sacrificio y la justicia.*

*La mayoría de las cosas se logran con
sacrificio.*

Pudor es honestidad.

*Condenar a un hombre injustamente
es no respetar sus ideas.*

*El amor es un sentimiento que abre las puertas
al cariño a la ternura y a la razón.*

*Jugar con la moral de cualquier persona es
exponerse a cualquier situación.*

En el sufrimiento está la resistencia espiritual.

En la persistencia está el triunfo o la derrota.

En el sacrificio a veces está el triunfo.

*La verdad, una vez que aparece no tiene
marcha atrás.*

Experiencia es sabiduría.

Justicia es firmeza.

La sinceridad es franqueza.

La ignorancia es un veneno fuerte.
La verdad es certeza y realidad.

El sacrificio favorece cualquier beneficio.

Las bibliotecas son fuentes de sabiduría.

*Filósofo o sociólogo verdadero es aquel que
lucha por cambiar la Sociedad Humana.*

*Ser filósofo es ir por el sendero de la luz y el
despertar.*

*Aún después de muerto se puede reclamar
justicia.*

Ser grande con dignidad es tener pudor.

*La verdad se cumple con hechos, no con
palabras.*

Cobarde es aquel que le huye a la realidad.

A veces las palabras se ajustan a los hechos.

No hay peor cultura que la que no se tiene.

*No hay peor conocimiento que el que no se
adquiere.*

*El maestro es el espejo en el que los alumnos
se transparentan.*

La tumba es fin del egoísmo.
Las personas no se miran por el vestuario,

si no por sus condiciones e inteligencia.

El trabajo ennoblece.

No te detengas, sigue adelante.

*El dolor a veces se alivia mediante los buenos
pensamientos.*

*El dolor de la humanidad golpea, golpea
mucho.*

*Aliviar cualquier dolor no es cosa fácil,
pero se puede, se puede.*

La necesidad en muchos, a veces crea envidia.

Hay miradas buenas y hay miradas malas.

*Las miradas buenas a veces se conocen,
pero las malas no son fáciles de conocer.*

*La ignorancia a veces es estrechez en muchas
mentes.*

*Muchos creen ser felices pero saben que no lo
son.*

*A veces la humanidad tiembla ante la luz de la
verdad.*

Esta humanidad la sufren los que ven más.

Todo es cierto cuando se mira la verdad.

La mentira no existe en los corazones nobles.

*Cuando se cree conocer la verdad se comienza
a envejecer.*

*Conocer la verdad es triste, pero se puede, se
puede.*

*Para entrar en el camino de la sabiduría
hay que tener mucha cultura.*

La cultura es fortaleza de los pueblos.

*La cultura es la fortaleza más grande
que la ignorancia no ha podido derrumbar.*

Nos tratamos y a veces nos odiamos.

*Todo hombre que trabaja tiene derecho a vivir
mejor.*

Trabajar es un deber de todos.

*Cuando se comienza a trabajar hay más
derecho a vivir.*

Desear lo ajeno es envidia.

*El que tiembla ante la vida es persona de siete
meses.*

*El dolor más grande de cualquier persona es no
sentir vibrar la verdad en su interior.*

Amar es sufrir cuando no hay correspondencia.

*La salud e inteligencia son fuentes principales
de todo ser humano.*

*Los hombres de principios morales no se
adaptan a la injusticia.*

*Vale más el que tiene mucho adentro,
que el que tiene mucho afuera.*

*En esta vida hay muchas trampas y muchas
traiciones.*

Los hombres que tienen dignidad no mendigan.

*Las aulas son puentes de formación para la
vida.*

*Comprobar la dignidad de un hombre significa:
comprobar su pensamiento y su moral.*

*Hay quienes cuando escriben, escriben con
brillantez.*

*La brillantez en la literatura es claridad del
pensamiento.*

*No hay peor presidio que el encarcelamiento
que está en sí mismo.*

*No hay peor enemigo que un mal consejo de sí
mismo.*

*La enemistad es burla que surge de la
terquedad.*

*Estando solo, a veces se analizan mejor las
cosas.*

*No hay brujería más perfecta que el dominio de
la conciencia.*

*Son pocos los que comprenden la vida,
y son muchos los que no la comprenden.*

*No hay mejor venganza que la que no se
practica.*

No hay peor infelicidad que la que se siente.

*Cuando se cree saber es cuando se comienza a
no saber.*

*Mientras se crea saber no se saldrá de la
ignorancia.*

*Cuando se cree no saber, es cuando se
comienza a saber.*

La felicidad hay que sentirla muy dentro.

No hay peor enfermedad que la que no se cura.

*La lucha por la igualdad es una tarea ardua y
acre.*

*No hay sufrimiento más grande que el que se
siente constantemente.*

*La lucha por crear bienes materiales es dura,
en cualquier rama del saber.*

La ignorancia siempre trata de encubrir la verdad con el velo negro, pero ella no se deja tapar porque es verdad.

Hay quienes dicen que son cultos y saben que no lo son.

No hay peor gestión que la que no se hace.

Quitarse la vida es cosa de cobarde.

Cosa de hombre es sufrir por una causa.

La mentira es puente de la ignorancia.

Justo en un hombre son sus principios e inteligencia.

...También cosa de hombre es luchar por una causa.

En una persona honesta sus principios fundamentales son su moral e inteligencia.

No hay mejor alegría que estar bien de salud.

Familia es aquella que se ocupa y preocupa por el bien común.

Los deberes se deben cumplir cuando son deberes.

Los que tienen dignidad no mienten.

El hombre que siente la fiebre de ser hombre

siente hervir su sangre.

Cuando se es hombre se lucha por triunfar.

El hombre hombre no tiene falsos conceptos de la vida.

Sentir por la autora de nuestros días es sentir la fiebre de ser hijo.

Cuando no se conoce no se respeta.

Para respetar hay que conocer.

Respetar las leyes de cualquier país es conocerlas.

La verdad es justicia.

Amor sin verdad no es amor.

La necesidad es tan triste como la propia tristeza.

Moral verdadera es aquella que comienza en la cuna y muere en la tumba.

Superarse es progreso.

Cuando hay responsabilidad se deben analizar más las amistades.

Si tienes principios y dignidad no arrastres tus pensamientos por posiciones o comodidades.

Cuando se tienen principios morales no se miente y mucho menos se engaña.

Negar la vida es no comprenderla.

Negarse uno mismo es negar su propia existencia.

El que siembra escorias, escorias recogerá.

Ser poeta es ser noble.

Fanatismo e ignorancia son una misma cosa.

El amor fortalece los ánimos.

Decir amigo es decir deber.

El trabajo y el estudio son deberes.

Si el tiempo está malo la hora influye y determina.

Principios básicos de cada hombre y mujer son su moral y dignidad.

Un concepto básico de la vida es la moral. La verdad es la expresión más profunda que pueda sentir cualquier persona.

No hay mejor religión que la inteligencia.

Decir conducta es decir ejemplo.

Cultura es belleza.

Cultura es liberación.

*El hombre hombre no ofende y mucho menos
le agrada que lo ofendan.*

La igualdad es base del porvenir.

*No hay desesperación más grande que los
malos recuerdos.*

*La moral es un baluarte que está a la luz de la
humanidad.*

*La humanidad se desespera por
desconocimiento.*

La virtud es un baluarte inapreciable.

Justicia verdadera es la moral.

*Actitud consciente de un hijo es comprender a
la autora de sus días.*

*Hay quienes quieren ser alguien en la vida,
y hay quienes no quieren serlo.*

*Practicar la discriminación racial es tener
pocos principios morales.*

*La salud, inteligencia y libertad son baluartes
de la humanidad.*

*Cosa de ignorantes es tener reacciones
mediocres.*

Vivir a espalda de la realidad es cosa de ignorante.

Verdadero hombre es aquel que no tiembla ante ninguna circunstancia.

Los maestros son fuentes de formación de generaciones.

La madre es el tesoro más precioso que podemos tener.

Verdad es todo lo que se comprenda.

Comprender la vida es una tarea ardua y acre.

No hay conformidad mientras se tenga necesidad.
La verdad está más cerca que la mentira.

A veces cada quien tiene lo que se merece.

Donde termina la mentira empieza la verdad.

En la decisión está el triunfo o la derrota.

Una persona egoísta es racista.

El despertar está en la inteligencia.

La mujer es la flor más bella del jardín de la vida.

Amor sin verdad no es amor.

Amar por amar es pura vanidad.

La carne a veces embriaga como las drogas que destruyen al ser humano.

El despertar está en las grandes masas.

El sufrimiento se irá apagando como las grandes fraguas.

*El derecho a la vida es de todos nosotros,
no de unos cuantos.*

La luz de la vida es para los que se preparan y luchan.

Hay que saber limpiar la conciencia para lograr felicidad.

El sufrimiento de la psiquis demuestra que hay suciedad en la conciencia.

La felicidad espera, pero lo que hay es que luchar para lograrla.

*Hay que limpiar el vaso de la vida,
para que se vea su transparencia.*

Con la humildad no se juega.

Jugamos papeles decisivos ante la rueda de la historia.

El triunfo es para todos los que se preparan y luchan.

Somos víctimas de nuestro propio destino.

La problemática del Mundo es tarea de todos.

El camino de la vida está trazado, la decisión es nuestra.

La honradez es premio.

La mejor riqueza que pueda tener cualquier ser humano es la salud mental y biológica.

Si no se lee no se sabe.
Hay que leer para saber.

El pensamiento es el que determina, no la mentira.

A veces la mentira se manifiesta como verdad, pero después surge y sigue siendo mentira.

Sacrificio es fuerza.

El amor no se mendiga.

Amor a la fuerza no es amor.

Mendigar amor es no tener reputación.

Búsquese una lupa para buscar un verdadero amigo.

Los hombres de principios se respetan.

Creer en el amor es deseo de seguir viviendo.

Verdadera paz es la que está en uno mismo.

Toda justicia tiene su injusticia.

Los sentimientos no se compran y mucho menos se venden.

Con los sentimientos no se juega.

Hombre de palabra es aquel que cumple a cabalidad con sus palabras y obligaciones.

El militar no descansa ni aún después de retirado.

El militar aún después de retirado debe estar consciente de que en momentos de guerra se debe al llamado de la patria.

Sí otras tierras me reclaman, allí estaré junto al deber.

Los pensamientos buenos no mueren.
La ignorancia es el veneno más fuerte que pueda haber tomado cualquier ser humano.

Tener algo y no practicarlo es no tenerlo.

El hombre hombre no es mentiroso.

*La madre es símbolo de respeto, cariño y
dulzura.*

*Lo sucio siempre es sucio y lo limpio siempre es
limpio.*

Sólo sé que se algo y sé que sé muy poco.

El dolor une a los seres humanos.

Tener amigos es tener buena cosecha.

Los amigos verdaderos son frutos de la vida.

*La zanja de la vida se debe limpiar,
pero siempre quedará algo.*

La palabra está dicha. Sólo la verdad decidirá.

*No hay cosa más bella que poner en alto la
verdad.*

*El pan del pobre si se come con dignidad tiene
mejor sabor que el pan del rico.*

La cultura comparte sentimientos inmortales.

La cultura no muere, se levanta y anda.

A más incultura más religiones.

*Si fuerte es el pensamiento,
también fuerte es la persona.*

La materia es según el pensamiento.

No es perdonar, sino saber perdonar.

Hablar es una de las formas de expresar lo que se siente.

No es sólo la raíz sino la fuerza de la raíz.

La salud es más importante que cualquier trago de licor.

Criticar sin razón es envenenar el pensamiento

No hay mejor conquista que la sinceridad.

Tener amigos es tener buena cosecha.

Que corremos mucho y creemos que sabemos y después nos damos cuenta que sabemos poco.

Hay más energía que fuerza.

La fuerza es parte de la energía.

Escritor mediocre es aquel que ambiciona riquezas.

Escritor sencillo es aquel que sólo desea que sus obras sean publicadas desinteresadamente.

No existe justicia sin sinceridad.

La sinceridad y la justicia se complementan.

La sinceridad es base de la justicia.

El amor da luz y bienestar.

*Madre hay una: la del vientre, la del dolor,
la del llanto, la ternura, la risa y la felicidad.*

La verdad se homenajea y también se acepta.

El llanto se calma con la luz de la verdad.

*La verdad cuando se universaliza deja de llorar,
porque está más fuerte.*

*La ignorancia es un monstruo que devora
pueblos.*

*Cualquier libro de buena literatura es virtud
y despertar.*

*Cuando la mente está bella, el cuerpo también
lo está.*

El amor verdadero admite el perdón.

*Sólo el pan se convierte en vino cuando es del
propio patio.*

*No hay grito que se oiga más lejos que el de la
justicia.*

*Siempre la verdadera justicia acarrea el bien
en cualquier sociedad humana.*

El dolor está allí donde el deber es constante.

*El vino tiene distintos sabores cuando la
injusticia nos gobierna.*

También los pensamientos sugieren imágenes.

*Hay amigos de verdad y hay amigos de mentira,
los de verdad están al lado del deber,
y los de mentira están al lado del chantaje,
y la traición.*

El llanto interno es más fuerte que el externo.

Cuando no se sabe no se debe discutir.

La muerte no existe para los que luchan.

*En esta vida también están los que anhelan
riquezas, como también están los que anhelan
poderes.*

El odio termina en arrepentimiento.

*La verdad no se puede callar y mucho menos
matar.*

*Los cobardes hablan a espaldas y matan por la
espalda.*

A la oscuridad de la vida le falta luz.

*Sólo los cobardes le temen a la oscuridad.
El brillo de la inteligencia sale a la luz cuando
la verdad brota.*

La víspera ante los fenómenos de la vida tiene aviso, pero no muerte.

La comprensión es la manifestación clara y precisa del pensamiento humano.

La ofensa es parte de la ignorancia.
La cultura universal se respeta y se cuidan sus raíces.

La cultura no se detiene,
ella va con el curso de la humanidad.

Para los traidores hay tumbas, pero no perdón.

Hay quien está vivo espiritualmente,
pero muerto biológicamente.

Todos tenemos nuestro dolor, nuestras penas,
y nuestras alegrías.

No hay peor infelicidad que la que uno se crea.

Hay ruidos que parecen ser ruidos, pero no lo son.

El dolor a veces corre cuando la vida truena.

Detrás de la risa sarcástica están el llanto
y el dolor.

Reclamar amor es un derecho al culto
y al entendimiento.

La verdad no se compra con dinero.

Todo llanto tiene su explicación.

A veces la necesidad es más fuerte que los pensamientos.

...También hay dos bandos en este mundo que son: los que tienen y los que no tienen.

No hay dolor más profundo que el que se siente.

La tardanza... a veces causa malestar, si no se comprenden las cosas.

A veces cuando el tiempo pasa es cuando estamos más cerca de la verdad.

Sólo el canto de la vida tiene espinas, hasta que las grietas se sanen solas.

La vida es un desafío a la muerte.

Llorar es manifestar la tristeza interna.

Cuando hay amor se solucionan las cosas con mayor felicidad.

El canto de la vida tiene fiebre cuando perdona al viento.

Cuando la lluvia truena todo desaparece y vuelve.

A veces una comodidad crea incomodidad.

Cuando se aprecia se respeta.

Una vez despierta la conciencia, el sueño y el descanso cesan.

Dirigente verdadero es aquel que no se cansa, que no se deja confundir y mucho menos sobornar.

La cosecha es buena cuando el terreno es fértil.

El amor nace y también se aprende a amar.

El martirio causa dolor.

El nombre no determina sino el pensamiento.

A veces un problema crea otro.

El miedo no existe para los que perseveran y triunfan.

La vida es un manantial de egoísmo.

Todas las cosas de la vida son relativas.

Hay luces que están apagadas por mucho tiempo sin saber por qué, pero después a lo largo del tiempo reaparecen para iluminar senderos apagados.

Algunas de las traiciones más perversas son los

*pensamientos negativos, porque no se ven,
pero se sienten y hacen mucho daño.*

Misterio es lo que creamos en nuestra mente.

*Hay miradas que producen risas,
como también hay miradas que producen odio.*

*Los que comprenden la vida no le temen a
nada.*

*A los hijos no se les pega, se les regaña con la
lógica y con buen carácter educacional.*

Los hijos son fiesta de todos los días.

El perdón también es una justificación.

El hombre hombre no práctica bajezas.

*Cuando la injusticia deje de temblar
ante la verdad es porque comenzó a apagarse.*

...También las letras tienen luces.

El triunfo es para los que tienen luz propia.

*La inteligencia brilla cuando hay buenos
sentimientos.*

*El que odia a veces es porque tiene miedo,
y es también un cobarde.*

La risa es sal que endulza nuestros corazones.

Los traumas y las frustraciones son tabúes que no son fáciles de erradicar.

El apuro en la mayoría de las veces es producto del desconocimiento.

La ignorancia de los pueblos es culpa de los gobernantes corruptos.

A veces el apuro no conduce a nada bueno.

Cosa de hombre es decir verdad.

La vejez está en el sufrimiento.

A veces matar en muchas ocasiones es cobardía.

*La luz brilla cuando hay sencillez
y comprensión.*

*La luz también brilla cuando hay paciencia
y honestidad.*

El hombre hombre no miente y si miente es porque le falta hombría.

La moral es más fuerte que cualquier ejército.

Las organizaciones benévolas de los pueblos son bases del porvenir.

Hay quienes no quieren que otros logren lo que ellos no han podido lograr.

Un niño inteligente es un niño bello.

*La madre no se abandona. La madre se respeta
y se cuida hasta sus últimos días.*

La cobardía y la traición son gemelas.

*...También la cobardía es el no enfrentamiento
con la realidad.*

Cansarse es cosa de cobardes.

...Sólo los cobardes piden perdón ante la vida.

Militante a la fuerza no es militante.

La mentira es un ala de la cobardía.

*La verdadera libertad está en el pensamiento,
en los libros y en la educación.*

*El mentiroso es cobarde
y tiene pocos principios de la vida.*

Cambiar algo es a veces embellecerlo.

Igualdad y cultura son una misma cosa.

*Cuando la hombría se pierde se frustran las
esperanzas.*

*La única forma de esperar en la distancia es
cuando hay amor.*

*Cuando se dicen muchas mentiras, a veces se ponen
en contra de quien las dice.*

A veces el domador tiene su domador.

*Sólo la verdad es una, la de nacer, crecer,
desarrollarse, y morir.*

*No se debe demostrar que se sabe,
si estamos conscientes de que sabemos poco.*

*Los pensamientos buenos hay que cuidarlos
 y respetarlos.*

*Leer es comenzar a saber,
por lo tanto si leemos comenzamos a saber.*

*Familia es quien lo atiende a uno, con cariño,
sinceridad, honestidad, honradez y ternura.*

*Una de las formas de ser libres es leer y
estudiar.*

*El intelectual que no vea la injusticia es porque
es de pensamiento mediocre.*

*La injusticia está a la luz de la humanidad,
y lo que hace falta es detenerla lo más pronto
posible, para combatirla y erradicarla de la faz
de la tierra.*

*Llegará el día en que la injusticia se arrodille
ante el perdón, para aclamar por todo el dolor
que ha ocasionado.*

*Hay que saber ser agradecido, porque es una de
las tantas formas de ver la vida con ternura.*

*La cultura es un baluarte que no tiene marcha
atrás.*

*La mentira siempre sale a la luz porque ella es
superficial.*

*Quien encubra la prostitución, es porque
abraza la corrupción.*

*No se puede ser traidor dos veces,
porque la primera traición descubre la
segunda.*

*La traición no debe existir, sólo la ignorancia
la impele.*

*Se pueden reclamar derechos, pero no
traicionar, porque la traición no admite perdón.*

*La traición y la injusticia tiemblan ante la
muerte, porque son hermanas y cómplices de
tradición.*

La naturaleza es una luz inapagable.

La música ennoblece y aligera el alma.

Despacio se camina más.

*...También las luces psíquicas ascendentes
propagan inteligencias.*

Donde hay luces positivas,
 ninguna luz negativa puede penetrar.

Un loco todo lo resuelve con la muerte.

*La sencillez de un hombre está allí donde el
deber y las circunstancias lo necesiten.*

*También la sencillez es patrimonio del
pensamiento humano.*

*Todos los seres humanos tienen un deber ante
la sociedad. La de cuidarla!*

A más cultura más conocimientos.

*No hay peor hechicería que tener pensamientos
negativos.*

*La hechicería es practicada por la ignorancia
de espíritu y también es un puntal que le abre
las puertas a la ilegalidad.*

*No empañes el cristal de tu sabiduría con
pensamientos negativos.*

Las raíces también mueren.

*Las relaciones son como las plantas,
que si no se atienden se marchitan o se mueren.*

*Ando con una lupa buscando la verdad, pero si
me aparto de lo negativo de la vida veré la luz a
plenitud y ahí estará iluminando.*

A veces los retoños no son lo que pensamos.

Si eres débil de pensamiento, es porque eres débil de espíritu.

Hay cristales que están limpios por fuera, pero sucios por dentro.

...Ante la Naturaleza tenemos derecho a vivir una vida a plenitud y también se deben respetar las ideologías.

Todos somos humanos y como humanos debemos respetarnos para siempre.

Discutir, la mayoría de las veces es no saber.

A más ignorancia más religiones.

Las religiones están sentadas en las bases de la ignorancia.

Catequizar es una de las mejores formas de crear adeptos.

Las reflexiones benévolas están a la luz, lo que hay es que escribirlas.

La fama no es nada más que la cara artificial del pensamiento humano.

Los grandes del pensamiento humano en su mayoría no han sentido la ínfula, sino la han rechazado para que no se apodere de sus sentimientos.

Escribir es una terapia.

También escribir es limpiar y tranquilizar la psiquis, según lo que se escriba.

El cristal de nuestros pensamientos hay que limpiarlo diariamente para que todo brille.

*La suciedad de nuestro cristal,
no nos deja ver el brillo de la verdad.*

Sépase bien claro que la luz está a nuestro alrededor, lo que hace falta es tener luz.

*Sin la luz de la verdad no progresamos.
Ella es la que nos indica el camino a seguir.*

*Cuando se tiene hijos se duerme poco,
pero a veces con esperanzas.*

Por una simple incomprensión se puede desarrollar una vasta discusión.

No te apures que no hay apuro.

La mejor manera de criticar es estudiar.

Todas las cosas piden permiso para entrar en el corazón, pero el amor no.

La verdad es la que condena a todos los mentirosos, traidores y cobardes.

La sencillez nos lleva más rápido por el camino del triunfo.

*No hay momento cuando acabar, sino cuando
continuar para seguir beneficiando
a la humanidad.*

*Primero se debe embellecer la mente y después
lo demás.*

*No cambies tu brillo por la hechicería,
busca tu comprensión.*

*Hay batallas que se ganan
 y hay batallas que no se ganan,
las que se ganan son verdaderas,
pero las otras no lo son. Por lo tanto se pierden.*

*La maldad se frena o se erradica con la
comprensión.*

*La desesperación no tiene firmeza,
por lo tanto está sentada en los cimientos del
lodo y a veces nos desaparece.*

*Hay favores que se pagan con molestias,
con dolores, con llanto y con sufrimientos.*

*Todo lo que se realice en beneficio de la
humanidad es una terapia.*

*La ignorancia no nos permite pensar
universalmente,
sólo nos permite pensar para nosotros, por
nosotros y en nosotros.*

*Cuando se perdona con dolor es porque no se
aguanta más el sufrimiento.*

*También el amor es tan fuerte como cualquier
ejército poderoso.*

*Cuando un grande menciona muchos logros de
otro grande, es porque no quiere ser grande y
mucho menos se siente grande, sino humilde.*

*El ignorante se alimenta de ignorancia y el
sabio de sabiduría.*

*La ignorancia cuando ve la escuela de la
sabiduría huye, pero cuando la ve varias veces
entra y se convierte en alumno.*

*La mayoría de las veces hay causas para sufrir,
para lamentarse y hasta para llorar.*

*Las desobediencias crean trastornos,
dolores, llantos y a veces arrepentimientos.*

*El dolor que está adentro sólo la firmeza de
espíritu lo saca para volatilizarlo.*

*Cuando el llanto comienza a calmarse
la marea también comienza a tranquilizarse.*

*Cuando la mentira deja de ser mentira es
porque se convirtió en verdad.*

*Con el fanatismo no se defiende ninguna causa
justa, si no con la comprensión y la educación.*

A veces caminar mucho es una terapia.

*La inteligencia es la que entierra a la
ignorancia, porque es la parte oscura*

*El ser humano se rebela contra la injusticia
según sus inclinaciones e inteligencia.*

Un favor deriva otro favor.

*Hay quienes oyen lo que escuchan
y después actúan según los casos.*

*A veces nos miramos en el espejo de nuestra
vida diaria y a veces no creemos en el pasar del
tiempo, en que la juventud nos dio vida y en la
vejez comenzó a quitarnos vida.*

*El racismo es una rama amplia
de la ignorancia.*

*Hay cosas en esta vida que parecen estar
oscuras, pero a veces es donde hay más luz.*

*Los enemigos siempre han vivido de la crueldad
y más cuando se ven acorralados.*

*La amante o el amante según los casos es una
sombra que se oculta en el camino de la vida
 y a veces crea pavor y llanto por doquier.*

*En esta vida están los que sufren
y están los que hacen sufrir a los demás.*

*Para saber hay que leer mucho y estudiar
mucho.*

*Los hijos se deben atender en su niñez
y en su adolescencia.*

Es más difícil perdonar que ajusticiar.

*Cambiar la identidad es una traición al libre
pensamiento.*

*Hay amigos de verdad y hay amigos de mentira,
los de verdad perduran por siempre; pero los de
mentira, hay que dejarlos en el camino
del olvido.*

Es más fácil criticar que perdonar.

La vida es una odisea.

Del sufrimiento surge el amor.

*El envenenamiento mental tiende también a
crear enfermedades y padecimientos.*

No te apure si tienes apuro.

A veces el final de una amistad es la enemistad.

*A veces el que demuestra saber más es el que
menos sabe.*

*Las batallas se pierden cuando el pensamiento
se cansa.*

La verdad puede más que la injusticia.

No hay mayor felicidad que estar con la verdad.

*Las creencias también son medio
de entretenimientos creados por la ignorancia.*

*Las creencias a veces van por encima de las
vías gubernamentales, cuando los pueblos
carecen de recursos económicos.*

*La pobreza y la soledad se juntan ante el dolor
y los arrepentimientos, por eso también son
hermanas.*

*El escritor que no vea la injusticia es un
escritor Siete mecino y es también un vendido a
los grandes intereses. Por lo tanto no se debe
aceptar como escritor.*

*Si no sé dominar mi mente,
mucho menos sabré dominar mi cuerpo.*

No es lo que se ve, sino lo que se piensa.

*El amor verdadero está por encima de
cualquier dificultad.*

Mientras haya ignorancia no habrá paz.

*La ignorancia es precursora de muchos males
que han agobiado y siguen agobiando a la
humanidad.*

*Quien no comprenda la injusticia es porque no
es sincero consigo mismo.*

Para saber hay que leer y hay que estudiar.

La indecisión es uno de los grandes fracasos de la humanidad.

Según uno enseña así le devuelven a uno el pago.

La vida es una constante evolución.

Hay una etapa en la vida en la que los hijos hacen de padres y los padres hacen de hijos.

Escritor verdadero o poeta verdadero es aquel que escribe la realidad y no la falsedad.

El miedo se pierde cuando la injusticia nos hace temblar.

La mentira surge de la ignorancia de espíritu.

Limpia el cristal de tus pensamientos para que todo brille.

*Que sea la comprensión la que mande
y no la incomprensión, el chantaje, el
sarcasmo, los caprichos y las aberraciones.*

Estoy buscando un verdadero amigo dentro de mi pajar.

Si no se conoce el pasado, difícilmente se pueda interpretar correctamente el presente.

La tranquilidad de la vida vale más que un pedazo de oro.

Díganse frases bellas y se refrescará la psiquis.

El mundo es un manantial de tempestades.

Nunca te apures tanto,
deja que todo llegue a su debido tiempo.

En esta vida no hay nada gratis,
todo es interés y negocio por doquier.

Eso implica que el interés financiero está por
delante y el no financiero después.

El amor se va, pero lo esperan en la esquina
que no existe y se aguanta el pensamiento ante
el que sufre y no se va y se queda para siempre.

La tristeza es más triste que la propia vida

El miedo lo crea el desconocimiento.

Quien siembre espinas recogerá espinas.

Quien siembre flores recogerá flores.

A veces cuando la mente está cargada crea
cosas negativas.

Conocí al hombre y conocí al lobo.

La organización es base del pensamiento
humano.

*Para escribir no se ocupa lugar, espacio, ni
mucho menos tiempo. Es sólo el pensamiento
rompiendo las barreras que puedan*

*obstaculizar.
También la vida es una trampa sin precedentes.*

*La ignorancia tiende a crear creencias,
crímenes y hechicerías.*

*Los criminales mueren a oscura, porque están
a oscura.*

*Los valientes y generosos que luchan por una
causa, mueren a la luz de la humanidad.*

*Familia es aquella persona que te abraza de
corazón y sin ningún ápice de interés
y mucho menos de traición.*

La injusticia es universal.

*Criminal no es sólo el que mata,
sino también el que admite el crimen.*

*Ver una injusticia y no combatirla es cometer
otra injusticia.*

*La mayor complejidad que existe en la
Naturaleza, somos los seres humanos.*

*En esta vida muchos sabemos poco,
y los que saben a veces están callados.*

Con el enemigo no se negocia.

Negociar con el enemigo es traicionar nuestros principios.

El odio es cáncer del espíritu.

Ve despacio que estoy de prisa.

No corras que estoy apurado.

También la hipocresía es una de las tantas falsedades del pensamiento humano.

También el miedo es cobardía.

También la cobardía es el no enfrentamiento con la realidad.

A veces el que se escapa es porque se quiere que se escape.

Cuando la necesidad toca en la puerta hay que atenderla.

La persona celosa es miedosa y también cobarde.

No te apures en nada ni para nada, ni por nada.

Analiza la vida y disfrútala a tu manera.

Traicionar la madre es traicionarse uno mismo.

No se debe discutir sin base.

*Las discusiones no constructivas no nos
conducen a nada bueno.*

*Cuando se habla se debe saber lo que se está
hablando y no hablar por hablar.*

*La Naturaleza es una máquina productora,
y reproductora de energías de todo tipo.*

Cuida la transparencia de tu cristal.

*No vivas tanto con el tiempo, él influye pero no
determina.*

*La soledad es un aura que devora muchos
pueblos.*

*Desde el punto de vista educativo el que enseña
no debe sustituir el papel o rol del que aprende.
Se está en la obligación de reforzarlo,
y ayudar a que se ejercite apropiadamente.*

*Los reveses se convierten en victoria,
siempre que estén en el camino del bien
 y del amor a la humanidad.*

*Siempre hay una puerta que se abre para los
que se la merecen.*

Las puertas de la vida siempre están abiertas.

*El miedo tiende a crear pensamientos
negativos.*

Detrás de la tormenta viene la calma.

*Cuando las aguas se remueven a veces se
pierde todo, porque todo sale a la luz.*

*La risa también es llanto,
pero un llanto que navega solo a veces donde
hay frescura y tormentas.*

*Hay personas que a veces manifiestan
imágenes de energías negativas.*

Las personas creativas son las que triunfan.

A veces sin los hijos la vida tiene poco sentido.

La vida tiene más sentido con los hijos.

*Misterio es lo que crea el desconocimiento ante
la vida.*

La sombra del cuerpo también asusta.

Escribir es recordar.

*La esperanza es una lucha constante ante todo
tipo de situación.*

El amor verdadero no tiene medida.

*El calor de las palabras al odio no puede ser
sustituida.*

*Si cobardía es practicar el odio,
más cobardía es practicarlo a distancia.*

*La madre es el tesoro más bendito que ojos
humanos hallan descubierto.*

*Cuando nuestra madre muere se nos va parte
de nuestra vida.*

*Nadie debe vivir con malos pensamientos,
sí vive con ésos se mantendría enfermo.*

*La letra muerta, por más que uno quiera no
puede reflejar lo que la comunicación permite
entrever, cuando la conversación es cara, a
cara.*

*La peor soledad es la que se siente, no la que se
tiene.*

*No hay cosa más grande que sentir la verdad
hervir la sangre.*

*Decirle mediocre a cualquier ser humano es ser
igual o peor.*

*El hambre y la sed van juntas, porque se
complementan.*

*Las antorchas están vivas y el camino es uno,
seguir y luchar.*

*No se debe demostrar lo que uno no es, sino lo
que es.
Con pedir perdón no se repara ningún daño.*

*No hay peor enfermedad y padecimiento que el
de sentirse enfermo.*

Las amistades verdaderas no se molestan constantemente; porque crean a veces molestias y causan daño.

No se debe ser luz de la calle y oscuridad de la casa.

Nadie puede dar lo que no tiene.

Todo lo que es de la tierra vuelve a la tierra.

Tenerle miedo a la vida es no comprenderla.

El miedo es una enfermedad

La verdad abre puertas.

Más vale tierra en el cuerpo que el cuerpo en la tierra.

A veces el ser humano es cobarde de su propia causa.
Donde quiera se aprende.

El mundo no es de los bellos, es de todos los seres humanos.

Criticar a un grande es estar en la línea de los ignorantes.

Es más fácil quitarse la ropa que ponérsela.

No hay mujer fea, sino mal arreglada.

*Cuando la ignorancia habla la inteligencia
calla.*

Sé de hoy, pero no sé de mañana.

La belleza está en el ojo de cada cual.

*La verdadera inteligencia está en la psiquis,
no en el vestuario.*

*La juventud siempre que esté sana
es una de las grandes riquezas de nuestro
planeta.*

Todo lo que se sabe no se debe decir.

*La vida no es como uno la diseñe,
si no como se presente.*

Más vale mal conocido que bueno por conocer.

La hipocresía es un disfraz de la sinceridad.

*Hay quienes tienen buena presencia física,
pero el baúl de la ignorancia lo llevan a
cuestas.*

La espada se deja cuando no se puede sostener.

*A veces el desprecio es síntoma de la
discriminación.*

La vida es un regalo de lujo.

El que lee disfruta más la vida.

*El que no tiene poder, tiene poder para que lo
manden.*

La maldad no es poder.

La maldad es la ignorancia anexada al poder.

El miedo a veces crea crímenes.

Hay capacidades que se ven y otras no se ven.

*Hay luces que se ven y otras no se ven.
Las que no se ven es porque están en la
sombra.*

*La verdad la comprende más fácil un científico
que un ignorante.*

Cuando la verdad habla, la mentira se esconde.

*La ignorancia a veces nos hace hablar de raza,
cosas que a veces no comprendemos.*

*Llegar a veces es fácil, pero mantenerse
la mayoría de las veces es muy difícil.*

*La tormenta del planeta muchas veces la
llevamos dentro por nuestra incomprensión.*

El amor es más fuerte que la lealtad.

Ninguna manzana cae fuera del árbol.

*Si analizas la vida no la vives y si la vives,
es porque no la estás analizando.*

*Si la comprendes no la sufres,
y si la sufres es porque no la estás
comprendiendo.*

*Nadie muere sin sufrir el dolor que provocó,
a no ser que muera en el momento de la
provocación.*

*A veces cualquier eslabón se rompe por el lado
más débil.*

La vida es una ruleta donde apostamos todos.

La mentira tiene su límite.

El que no cae, a veces resbala.

*Nadie sabe el mal de la cuchara que se utiliza
para comer.*

*La humildad hace a las personas.
El que no tiene pasado no tiene presente.*

*El que deserta en momentos de una
conflagración es porque lo había planificado
con antelación.*

*El dolor y el perdón son víctimas
de la oscuridad.*

*Todo niño al nacer, sus padres tienen el deber
de darle lo mejor.*

Pienso que sé, pero sé que sé muy poco.

El agua vale oro, pero no vale vida.

*Se debe caminar despacio para llegar muy
lejos.*

Escribir es pensar.

*Discriminar a cualquier hombre, mujer o niño,
por el color de su piel, es atentar contra la
humanidad.*

*El que no sabe de dónde viene nunca sabrá
a donde va.*

*Que nadie padezca de hambre,
que se tenga para las necesidades básicas.*

*La ignorancia es el mal más grande de la
humanidad.*

*La mente es el timón del cuerpo.
Hay muchos que son amigos de mentira
y enemigos de verdad.*

El carnicero de hoy será la res del mañana.

La paz es triunfo de la justicia.

La verdad siempre prevalece.

La paz es la primera víctima en la guerra.

*El miedo lo crea el desconocimiento
y la cobardía.*

*La transparencia es una regla de oro
de la democracia.*

*A veces uno escoge el tamaño de la cebolla con
la que va a llorar.*

No hay peor ciego que el que no quiere ver.

Hay bellas ideas que aparecen en la oscuridad.

El que habla sabe callar.

*Mientras hallan países ricos no habrá igualdad,
y mucho menos tranquilidad.*

*La igualdad es la fortaleza más grande de la
humanidad.*

La verdad es más sabia que la mentira.

A veces las risas son para no llorar.

*Cuando uno piensa saber es cuando comienza
a no saber.*

La esperanza gana al miedo.

*A veces la angustia de no hablar reprime la de
hablar.*

La sabiduría es hija de la paciencia.

El que no vale nada no tiene enemigos.

*El poder atonta a los inteligentes,
y al que no es tonto lo vuelve loco.*

Amar es no saber, amar es sentir.

El día nace en la lengua.

El temor a veces nos hace fuertes.

*Que todos seamos felices, no hay que perder la
esperanza.*

*Un simple perro que ladra no puede asustar a
ningún lobo.*

La paja en el ojo ajeno, no la viga en el otro.

No hay texto sin pretexto.

*Sobre cada león hay un águila para atacar.
El silencio también habla y lo dice todo.*

El acero más afilado es aquel que no se golpea.

*Un hombre de verdad reflexiona ante cualquier
situación precaria.*

El pasado es parte del presente.

*Si le quitas algo al corazón es muy difícil que se
vuelva a colocar.*

*No peleamos con los ignorantes, sino con la
ignorancia.*

No es la fe la que salva sino la confianza.

La historia se manifiesta de acuerdo con quien la cuenta.

El olvido es higiene mental del cerebro.

La verdad siempre sale a la luz.

La honestidad es la mayor riqueza de todos los pueblos del mundo.

La mentira enferma.

No es lo mismo hablar que saber.

A veces una cosa es con guitarra y otra es con violín.

Una gran mayoría de la humanidad no está preparada para recibir verdades.

La porfía, la mayoría de las veces es producida por el desconocimiento de causa y efecto.

El lobo aunque se vista de cordero sigue siendo lobo.

No existe raza, sino cultura.

En casa del herrero, cuchillo de palo.

La venganza no trae nada bueno.

La ignorancia alimenta ignorancia.

A caballo regalado no se le miran los dientes.

La política es tan limpia, que ni los más sucios políticos han podido mancharla.

La paz es triunfo de la justicia.

La verdad es revolucionaria, la mentira es reaccionaria.

Política es hacer historia.

Golpe dado ni Dios lo quita.

Las naciones no deben aprovecharse del infortunio de otros pueblos.

La propaganda mediática aturde y confunde. La política es criterio de la verdad.

El mañana es lo que siempre viene, pero nunca llega.

Lo viejo a veces es nuevo.

No hay que adelantar vísperas.

Cuando el río suena algo trae.

El hombre aprende más del dolor que de la bonanza.

Hay hijos que atormentan su hogar.

Un hombre valiente es digno de su belleza.

Lo que Natura no da Salamanca aprecia.

*No hay montaña sin humo,
ni hombre valiente sin trueno.*

*La lengua del amor es el corazón.
Comenzar aquí…!*

Perro no come perro.

*Sólo aquellos con grandes sueños pueden
lograr la victoria.*

Un enemigo listo es mejor que un aliado tonto.

El caballo de mi corazón tiene una sola silla.

*Toda comida es buena comerla, pero no es
bueno hablarla.*

El hombre es el único animal que opina.

La alegría ajena es nuestra propia dicha.

Vivimos en un zoológico.

El hombre también es un animal de costumbre.

El silencio contribuye a abandonar fisuras.

El silencio social es un mecanismo defensivo.

La quiebra del silencio es como la fiebre.

El mecanismo de defensa de una sociedad a veces es el silencio.

No hay lucha entre la civilización y la barbarie, sino entre la falsa erudición, y la Naturaleza.

El que se aflige se afloja.

El silencio a veces es cómplice.

A veces la vejez no permite aceptar la realidad. Hay quienes la ignorancia no le permite aceptar la vejez.

Oculta la fortaleza, espera el momento adecuado.

A veces hasta las piedras cambian su modo de parecer.

Cada ave vuela con las de su clase.

Una cosa es lo deseable y otra lo posible.

Hay aves que pasan el pantano sin mancharse.

Comprender la vida es comprender la muerte. El tiempo es testigo para todos; también es el libro del pensamiento.

Los recuerdos a veces crean risa, y otras veces crean llanto.

La vida a veces nos brinda alivio, pero el alivio a veces es otra tormenta.

La traición a veces se esparce como la lluvia.

Un hombre falla por dos razones: por amor, o por ambición.

No hay mal que por bien no venga.

La juventud no es una licencia para hacer lo que uno quiere.

Hay más tecnología para la maldad que para la bondad.

La sangre derramada no verá justicia.
Donde hay maestros hay escuelas.

Si dejas libre a un perro, seguro regresará con su amo.

Una piedra puede vencer a un hombre.

Sin igualdad no hay democracia.

Entre nosotros, a veces hay lobos vestidos de ovejas.

La unión hace la fuerza.

Ver las personas como son seremos más felices, y no como uno quisiera.

*No me alimente tanto la barriga, aliméntame
más mi mente.*

*No confíes en nadie que no tenga libros en
casa.*

*Busca amigos con libros, no sin libros, y a los
que no tengan libros dáselos.*

Un lobo viejo solo es comida para sus crías.

*No me des tanta comida, dame educación .
Es más fácil criticar que aceptar.*

*Cuando la ambición se apodera de la cabeza no
deja lugar a la razón.*

Lo que mal empieza mal acaba.

La injusticia es una espada de doble filo.

*La riqueza está en el pensamiento, no en la
materia.*

*Hay muchos que no han tenido nada y cuando
se le proporciona algo de beneficio, comienzan
a cambiar.*

*Más vale un cobarde vivo, que un valiente
muerto.*

*La costumbre en los seres humanos, es más
fuerte que el amor.*

La costumbre a veces peligra en el amor, y en lo social.

La mirada del hombre valiente es más pesada que la del cobarde.

Todos los perros ladran en su propio patio.

Perro que ladra no muerde.

A veces la paciencia cura todos los dolores.

El que no la debe no la teme.

Guerra avisada no mata soldados.

Niño que no llora no mama.

No hay peor astilla que la del mismo palo.

Árbol que crece torcido, jamás su árbol endereza.

La mentira tiene patas cortas.

La lengua es mensajera del corazón.

Se debe pensar en grande para obtener logros grandes.

Es fácil perder la confianza de alguien,

lo que no es fácil es lograrla.

Ser madre es como beber leche en algunos momentos.

Un pueblo que está informado está empoderado.

El dinero a veces une a los seres humanos, y otras veces los desune.

El lobo no esconde su presa.

Nada por la fuerza, todo por la razón, y el derecho.

Los sueños positivos son esperanzas.

De noche todos los gatos son pardos.

Todo en la vida tiene solución, menos la muerte.

Lo que piensa el corazón es más importante que cualquier decisión.

La calumnia, cuando no mancha tizna.

Es de sabios cambiar de opinión.

No se puede poner vino viejo en botellas nuevas.

Lo pequeño es hermoso.

Donde hay vida hay esperanza.

El fuego no se puede apagar con fuego.

Se sabe la música, pero a veces no se sabe la letra.

La felicidad no tiene precio, y no se puede comprar.

La unión hace la fuerza.

Quien no puede guardar un secreto no puede defender a su familia.

No me gusta hacer leña del árbol caído.

El que siembra viento recoge tempestades.

Victoria es todo lo que lleva a la meta.

El que siembra su maíz que se coma su pinol.

La paz es fruto de la justicia.

A veces lo que se ve lejano está cerca.

No mires al que habla, sino las palabras de quien te habla.

Progreso sin justicia es retroceso.

Una cosa es lo deseable y otra es lo posible.

Desarrollo es crecer y distribuir la riqueza.

No solo del pan vive el hombre.

El ser humano nace, pero el hombre se hace.

Cada uno lleva su propio fuego.

La incomprensión arruina.

Quien no tiene sueños no tiene futuro.

Cuando la piedra queda después de la tormenta, así queda el cuerpo cuando perece.

No hay árbol sin gusanos, ni valientes sin enemigos.

El que da y reparte se queda con la mejor parte.

El enemigo del hombre no es la causa sino la soledad.

Un perro nunca ladra si pretende atacar.

Hay quien muerde más, que lo que puede masticar.

No maltrates a quien te da de comer.

No llores delante de la puerta de quien te humilla.

Poder es humildad y deber.

La justicia a veces es una espada de doble filo.

El que mucho abarca poco aprieta.

La mayor fortuna es la mente.

La libertad no se implora, se conquista.

El conocimiento es poder.

El que a buen árbol se arrima, buena sombra lo cobija.

Donde entra la inteligencia la ignorancia no cabe.

A veces el silencio mata.

A veces el silencio mata.

El poder llama al poder.

La humanidad demorará mucho en separar la justicia del poder.

La locura lleva a la venganza.

El que envidia vive torturado.

A veces el polvo trae lodo.

Esos polvos trajeron estos lodos.

A todo chivo le llega su hora.

A veces los truenos traen lluvia.

A veces un cuchillo saca pus de una herida.

A veces la separación glorifica el amor.

*Si quieres tener una buena cacería,
comienza cazando la presa más pequeña.*

A veces la vida de uno es la muerte de otro.

Si cosechas vientos recibirás tempestades.

Las mareas siempre se calman.

*Cuando se cierran todas las puertas, siempre
quedará una ventana abierta.*

*Cada secreto que está oculto trae un nuevo
dolor.*

No hay mal que por bien no venga.

Mientras haya vida hay esperanza.

A cada chivo le llega su chilindrón.

Todo llega con el tiempo.

*A veces el precio de la verdad es más pesado
que el de la mentira.*

*Un alcohólico sino acepta un tratamiento
seguirá siendo alcohólico.*

Dios le da barba "a quien no tiene quijá..

Matando al perro se acabó la rabia.

La vida termina con la muerte.

La verdad siempre se sabe.

Lo bueno y lo malo no duran para toda la vida.

Después de cada tormenta siempre sale el sol.

Llave puesta en una puerta, puerta abierta.

La justicia es sombra de la venganza.

No mires al que habla, mira al que te hace
hablar.

Cualquier secreto hace sangrar más cualquier
herida.

Si quieres la paz, prepárate para la guerra.

Ladrón que le roba a otro ladrón tiene cien
años de perdón.

Todos los ríos llegan al mar.

La inteligencia vale más que la fuerza.

Las palmas de las manos pican antes de recibir
dinero.

La traición aparece en la persona menos
esperada.

Es fácil perder la confianza de alguien, lo que
no es fácil es ganarla.

No te quedes nunca donde no se vean tus valores.

Ningún chacal puede domar a un hombre valiente.

El que no sabe es igual que el que no ve.

La ira consume la mente.

Aquel que conoce a su enemigo es un héroe.

Son pocos los que escapan de la justica.

El mejor profesor es el que aprende de sus alumnos.

Una imagen vale más que mil palabras.

*Nunca prometas lo que no puedas cumplir.
La suerte es virtud y fortaleza.*

No hables de mañana, háblame de hoy.

La mejor batalla por la vida es la comprensión.

Los favores, la mayoría de las veces se realizan con algún interés.

Hay quienes muerden la mano de quien le quitó el bozal.

Hay que sacar fortaleza de la flaqueza.

La política se inventó para poner orden en el caos.

Si no hay justicia no hay paz.

Cualquier ser humano antes de convertirse en padre revive su propia infancia.

No se debe apagar el fuego con violencia.

No hay cosa de más valor que la paz.

Vernos como adversarios a vencer, no como enemigo.

La vida es una farsa.

La inteligencia no está en el color de la piel, ni en la estatura, está en el pensamiento.

Prohibido es prohibir.
Pensar en tener hijos es pensar en su propia niñez.

Por ignorancia no se debe juzgar a nadie.

El que no sabe de dónde viene nunca sabe a dónde va.

Donde hay ceniza es porque hubo fuego.

La imaginación recrea el pensamiento.

Hay quienes tienen mucha imaginación, pero carecen de conocimientos.

A veces los que idean una trampa pierden.

La mejor política externa es la interior.

La mayor riqueza de un pueblo es su honestidad.

Que trabajo pasa el perro cuando le pisan el rabo.

La fe es un gran consuelo.

Una cosa es el valor, y otra es la estupidez.

El amor no se sustituye con ninguna otra cosa.

Los derrotados son los que dejan de luchar.

El amor construye, pero el odio destruye.

Cuando hay amor verdadero, es porque no hay odio.

El amor engendra amor.

A veces la historia supera la imaginación.

La sangre tiene a veces mucha fuerza.

El amor de madre tiene mucha fuerza.

Agua pasada no mueve molino.

Tonto es el que piensa que el pueblo es tonto.

Sería muy aburrida la vida si todos pensáramos igual.

La limpieza de una escalera se debe hacer de arriba para abajo.

No es lo mismo leer que estudiar.

La práctica hace al maestro.

Hay quienes presumen con sombrero ajeno.

La desesperación es parte del fracaso.

Quien tiene una casa de vidrio no arroja piedras.

La caridad bien ordenada empieza por la casa.

El bien no hace ruido, pero el mal sí.

La paz y la tranquilidad son frutos de la justicia.

Es más fácil ofender que comprender.

La inteligencia no tiene color.

El juego para los niños es igual que el trabajo para los adultos.

La traición es tan vieja como los seres humanos.

Una mentira repetida muchas veces

puede aparecer como una verdad.

Hombre precavido vale por dos.

Nuestro planeta es un valle de lágrimas.

No se puede dar lo que no se tiene.

Justicia es darle más al que menos tiene.

*El acero más afilado es aquél que más se
golpea.*

*Los grandes enemigos se enfrentan de pie,
y los cobardes se arrodillan.*

*No pelear contra los ignorantes, y sí contra la
ignorancia.*

*La violencia engendra más violencia.
Hay discursos que alientan a los enemigos.*

*No hay soberanía ni justicia sin conciencia del
deber y es dueño de su silencio, y rehén de lo
que dice.*

Todos los pueblos tienen su trauma.

*La violencia contra la inteligencia jamás podrá
vencer.*

*Cuando un hombre entierra a su madre,
entierra parte de su vida.*

A veces los lobos se visten de ovejas.

No hay fuerza en el mundo que tenga más poder que el estado.

La paciencia es madre de la ciencia.

No hay que vencer, hay que convencer.

Más vale perder con honra que vivir sin ella.

Si tengo miedo lo pierdo todo.

Todos los leones tienen coraje, pero no ingenio.

Haz lo que yo digo, y no lo que yo hago.

Un enemigo listo es mejor que un aliado tonto.

La ira engendra sangre.

La piedad engendra piedad.

Un simple perro que ladra no puede asustar a los lobos.

En este mundo hay dos potencias: una es la fuerza y la otra es la mente.

El que calla otorga.

Problema que se soslaya, estalla.

La libertad de expresión son mensajes de ida y vuelta.

La libertad no se implora, se conquista.

A veces la ira nos aclara la mente.

La paciencia es dura pero da sus frutos.

La cultura es más que la educación.

El que solo sabe de medicina, ni de medicina sabe.

A veces una roca es mejor que una espada.

Criminal no es solo el que mata, sino también quien dirige el crimen.

Nadie sabe lo que tiene hasta que lo pierde.

No hay que ser ingeniero para construir un amor, ni abogado para defenderlo, o médico para salvarlo; pero si se requiere ser sincero para conservarlo.

No se puede adquirir conocimientos sin pensar, igual que no se puede escribir con un bolígrafo sin tinta.

Los errores más deplorables son frutos de nuestros prejuicios.

El cerebro es el órgano más complejo del universo.

*El ser humano es la maquinaria más perfecta
del mundo.*

La incomprensión arruina al valiente.

La grandeza se mide cuando se mira lo Infinito.

La democracia es poder del pueblo.

*La libertad de un pueblo no se implora, se
conquista.*

*Lo viejo no termina de morir, y lo nuevo no
termina de nacer.*

*El hueso que está "pa" uno no hay perro que se
lo coma.*

La verdad tarde o temprano se sabe.

Los olores psíquicos se sienten pero no se ven.

*Existen dos tipos de familias que son:
la mala es la que nace, y la buena es la que
elige.*

*Quien no se conforma con poco,
mucho menos se conforma con mucho.*

Oculta tu brillo para que nadie te lo apague.

Sácalo a la luz cuando haga falta.

La verdadera paz no se mendiga, se construye.

*La grandeza a veces está en la cesibilidad del
pensamiento.*

Qué cada uno aguante su vela.

La mente a veces es control de la vida.

Sin la mente a veces no nos podemos controlar.

*No se puede ser sabio sin reconocer nuestra
ignorancia.*

Si quiere conocer a alguien dale poder.

*Tener miedo es tener desconocimiento,
y es tenerle miedo a la vida.*

La ignorancia es familia de la arrogancia.

Cuando un elefante cae el polvo cubre la tierra.

A veces lo que eres vale más que lo que logra.

*No hay mayor riqueza que estar contento con lo
poco.*

No deje de ser tú para ser de los demás.

Quien admira lo ajeno no disfruta lo propio.

*El que no ha comido tierra la caída le duele
mucho.*

A veces la apariencia es más que la realidad.

El que temprano se moja tiene tiempo a secarse.

No hay peor ciego que el que no quiere ver.

La risa es retrato del alma.

No le tema al que habla mucho, sino al que habla poco.

El amor es la fuerza más poderosa del Universo.

Te quedarás atrás sino no te valora tú primero.

El tiempo no se repite.

Cualquier amenaza es un arma poderosa.

No le temas a los infieles.

Levántate y anda.

El ignorante por desconocimiento practica el miedo, el temor, y la impotencia ante los demás.

Si no perdona no serás feliz.

La sanación integral comienza cuando se limpia el terreno interior.

Si no sabe tú origen es porque no sabe tu historia.

Lo blanco que tú eres es de lo negro que yo soy.

El cuerpo habla cuando el alma calla.

*Ningún puerto es favorable si no se sabe
a qué puerto se dirige el barco.*

Lo que fue y no es, es igual que si no fuera.

Somos chispa del mimo fuego.

*No es rico el que tiene más, sino el que necesita
menos.*

*Un ciudadano que no conozca o comprenda la
situación Política, cultural, económica y cultural
etc; ese ciudadano o (a) lee poco y estudia poco.*

No te disculpe por tener sueño.

Me quiebro pero no me doblo.

El chisme es una fuerza muy poderosa.

El dinero da poder, pero muchas veces es falso.

*La Libertad y la Independencia es una misma
cara.*

El miedo lo crea el desconocimiento.

*El testigo más importante es la honestidad.
Tengo poco, y lo poco que tengo
es porque necesito poco.*

La peor enemiga de una mujer, es otra mujer.

La gravedad es más fuerte que el pensamiento.

El que no sabe es como el que no ve.

Hay quien ve la paja en el ojo ajeo; y no en el propio.

Entiendo y no entiendo, pero sé que entiendo.

La violencia es irracional e inhumana.

A la ignorancia dale trabajo, comida y diversión, no le hable de estudio, y mucho menos de libros; también hay otra ignorancia que se le puede hablar de estudio.

No es más rico quien más tenga, sino quien menos necesita.

El que no conoce su historia está condenado a repetirla.

Un pez que no abre la boca no es pescado.

El que no actúa no avanza.

El amor es más fuerte que el odio.

La risa es la mejor medicina para el alma.

La ira es un ácido que le hace daño al recipiente.

Acepta la crítica, pero nunca acepte el irrespeto.

El gato le gusta aruñar, pero no le gusta que lo aruñen.

Más vale pájaro en mano que ciento volando.

Lo que no es bien para la colmena, menos bueno es para las abejas.

La historia es maestra de la vida.

Quien se entrega a la mentira pierde toda su dignidad.

La risa saludable limpia los pensamientos negativos.

La hipocrecia es un oficio.

La risa buena rejuvenece al ser humano.

Los pensamientos son posibilidades no realidades.

Quien no conoce su historia está condenado a repetirla.

En esta vida importa más el que viene no el que se va.

Los pensamientos son resultado del trabajo de la mente.

Quien ataca no tiene nada que hacer.

El triunfo es de los que se sacrifican.

Un hijo es el reflejo de tu corazón.

*El precio de la Libertad e una constante
vigilancia.*

La luz viaja más rápido que el sonido.

El peor fracaso en esta vida es no intentarla.

Los libros no tienen edad.

El que piensa en grande es porque es grande.

El planeta Tierra es un libro de enseñanza.

Al que le sirve el saco que se lo ponga.

No hay peor enemigo que un ex-amigo.

*El Estado cuando incumple cualquier acuerdo
se convierte en un generador de la violencia.*

El Mar es puente de comunicación.

*Cuando un hombre se entrega a la mentira,
pierde gran parte de su dignidad.*

Si hay muerte no hay olvido.

La noche tapa secreto.

La mañana revela secreto.

El destino ama el esfuerzo.

A veces la vida de unos es la muerte de otros.
El árbol de la hipocrecia es más frondoso
que el árbol de la sinceridad.

Más sabe el Diablo por viejo que por diablo.

La fuerza está en el pensamiento.

A veces el que mata es por miedo a que lo maten.

Después de cada tormenta siempre sale el Sol.
Cuando llueve fuerte arriba gotea abajo.

Todo pan es bueno comerlo, pero no hablarlo.

Cuando la política falla, la violencia estalla.

Oro parece, plata no es.

Con dinero baila el perro, y también el mono.

Todas las cosas importantes que se hacen en la vida,
se hacen por vocación.

No se debe juzgar a otro por cabeza ajena.

No se puede dar frutos sino tenemos buenas raíces.

La casa es un cuerpo humano.

El que estudia más es menos ignorante.

La luz sólo se ve en momentos de oscuridad.
Chévere es el chévere, pero más el grande.

Es más barato presumir que curar.

*No hay buenos frutos si el árbol no tiene buenas
raíces.*

*Necesito poco, y lo poco que necesito lo necesito
poco.*

No manches el brillo de tus pensamientos.

Nadie llega lejos sin tener pantalla fuerte.

Amar es un privilegio.

No se debe traficar con el dolor humano.

No quiero mentir, porque conozco la falsedad.

*Es mejor escribir en un libro de hojas limpias,
y no en un libro de hojas usadas.*

El amor no reconoce clases sociales.

*La rabia, o inestabilidad de cualquier persona
es producida por la suciedad de la psiquis.*

Lo que sé lo sé, y lo que no sé, no sé

El padre que no escucha el clamor de sus hijos,

ese no es buen padre.

El amor no tiene receta.
Hay quienes ven a través de lo que no se ve.

El trabajo, el estudio y los negocios,
siempre que estén en buen camino
se deben afrontar para mejorar la Sociedad
Humana.

Es mejor decir una verdad que duela, a una
mentira que ilusione.

A veces lo perfecto es enemigo de lo imperfecto.

Cuando alguien se entrega por entero a la
mentira, pierde hasta la imaginación.

El que de amigos carece, es porque no se los
merece.

Cada persona debe ser dueña de su destino.

El peor enemigo del ser humano es el miedo.
La mayor virtud del ser humano es el
agradecimiento.

La vida es una enseñanza.

El dinero es un termómetro para saber quién es
quién.

Lo que se pague con el dinero es barato,
pero lo que se pague con la salud es muy caro.

El que más sabe tiene más poder.

Progreso sin justicia es retroceso.

Prefiero morir de pie que vivir de rodilla.

No se debe echar una pelea si se sabe que se va a perder.

Predecir el futuro es difícil, pero más difícil es mantener el pasado.

La edad no da la madurez.

El dinero no da la felicidad.

El dinero transforma muchas mentes.

La fe es la certeza de lo que no se ve, pero se cree.

La certeza es de lo que se espera, la convicción de lo que no se ve.

Lo dejaré en el mundo sabio como serpiente, y manso como paloma.

El que se aflige se afloja.

Te lo digo a ti puerta, para que lo escuche tú, ventana.

Las comunicaciones son mensajes de ida y vuelta.

*Cuando el hombre entra por la puerta el amor
sale por la ventana.*

No puede haber trato igual entre desiguales.

*En la política hay amigos de mentira, y
enemigos de verdad.*

*La muerte se convierte en prisión cuando
guardamos rencor.*

No se puede vencer a quien no sabe rendirse.

El amor siempre vence al odio.

Lo que va a suceder no hay quien lo detenga.

El peor analfabeto es el analfabeto político.

*No habla, no oye, no participa en los
acontecimientos políticos.*

*No sabe que el costo de la vida, el precio de los
frijoles, y del pan de cada día…*

*La mentira es Reaccionaria
y la verdad es Revolucionaria.*

Progreso sin justicia a veces es retroceso.

*Sacristán que tiene seda, y no tiene cedería, de
donde la sacaría.*

La palabra es lo más poderoso.

La edad empieza y acaba en la mente.

No es culpa tuya nacer pobre, pero si es culpa tuya morir pobre.

El dinero es la mamá y el papá es el diablo.

Aunque nos injertemos el tronco tiene que seguir siendo nuestro.

A más incultura menos entendimientos.

Aquel que olvida su historia está condenado a repetirla.

La existencia determina la conciencia.

Todo pan es bueno comerlo, pero no hablar su origen.

Cuando el amor llega no se debe rechazar.

Todo lo bueno se debe imitar.

No se debe juzgar un libro por sus palabras, sino por su contenido.

Si no leo no sé, y si leo sé.

La sangre pesa más que el agua.

El conocimiento es poder.

Si no conoce a tu enemigo no puede vencerlo.

El amor no debe esforzarse.

Hay ataques que se ganan, y hay ataques que se pierden.

E la soledad es donde surgen las ideas.

El cerebro gobierna el cuerpo.

Nada se separa, todo está en el recuerdo.

Un error no sana otro error.

Esta vida no es para los débiles, sino para los valientes.

Ser madre es como beber leche agria.

No hay traición sin castigo.

La ira consume la mente.

Mientras haya ignorancia habrá muerte, y discriminación.

Hay dos tipos de mujeres que son: las que hacen que las flores se marchiten y las que hacen que florezcan.

La vida no es como se presenta, sino como es.

Aquel que conoce a su enemigo siempre es un héroe y también puede golpearlo donde más le duele.

La fraternidad es una cosa, gobernar es otra.

El Sol brilla al final de cada noche.

*Hay quienes son amigos de mentiras,
y enemigos de verdad.*

*Si dejas libre a un perro, sólo regresará con su
amo.*

El enemigo del hombre es la soledad.

*Ser compañero se basa en la lealtad, no en el
interés.*

*Lo que hace valer a un hombre son sus manos,
en cuanto al manejo de una espada.*

Ningún amor afecta a un hombre valiente.

La historia detesta a los asesinos.

El agua es base para producir alimentos.

La dignidad y la conciencia no tienen color.

La mayor fortuna es la mente.

La vida está antes que el honor.

La grandeza se mide de la cabeza al cielo.

Te conozco bacalao aunque venga disfrazao.

Hay quienes trafican con el dolor humano.

El pasado es pasado y el presente es presente.

*A veces el que más habla de honestidad
es el que menos tiene…*

*Quien no puede guardar un secreto no puede
defender a su familia.*

Reflexiones socio-política

1   *Las revoluciones justas tienen un lugar
    importante en el pensamiento de los
    pueblos.*

2   *El imperialismo es la horca de los
    oprimidos.*

3   *Imperialismo es drogas, prostitución,
    chantaje.*

    *En fin es la parte oscura de la sociedad
    humana.*

4   *Amar el capitalismo es amar los vicios y
    demás.*

5   *Socialismo es justicia.*

6   *Mientras haya imperialismo no habrá paz.*

7   *La verdad y la moral son las armas más
    poderosas de los pueblos.*

8   *Todos los pueblos tienen su moral.*

9   *Hay quienes se tapan con la bandera del
    socialismo.*

10 *El capitalismo corrompe.*

11 *El socialismo es llave y suerte del
    porvenir.*

12 *El mundo nos pertenece a todos,*

pero más a los que aportan.

13   *Las revoluciones justas están al lado del deber.*

14   *Las revoluciones no traicionan,
los hombres sí son los que traicionan.*

15   *Traicionar a una revolución justa es traicionar el*

libre pensamiento de la humanidad.

16   *La moral de una revolución justa está por encima de cualquier principio.*

17   *Traicionar una causa justa es traicionar a la humanidad.*

18   *Verdadero comunista es aquel que no descansa, y
mucho menos en momentos difíciles.*

19   *La patria es manifestación del pensamiento humano.*

20   *Hombre y revolución son una misma cosa.*

21   *Socialismo y progreso son una misma cosa.*

22   *Socialismo es moral.*

23   *Imperialismo es ilegalidad.*

24   *Los gobernantes que se endiosan están ela
      fila de los desesperados.*

25   *Entre las sociedades existentes en la
      historia de la humanidad se ha
      comprobado científicamente que el
      Socialismo es la Sociedad más perfecta.*

26   *La moral de un pueblo está por encima de
      cualquier idea.*

27   *Capitalismo y prostitución son una misma
      cosa.*

28   *El socialismo es la fuente de energía más
      humana*

      *que el pensamiento humano haya
      exteriorizado.*

29   *Sistema verdadero es aquel que cumple
      a cabalidad sus leyes.*

30   *La patria es de los que se sacrifican.*

31   *Las revoluciones justas tienen un espacio
      amplio en la historia de la humanidad.*

32   *En una revolución justa están los que se
      corrompen y están los que siguen la lucha
      sin cesar.*

33   *Las revoluciones justas son honestas.*

34   *El que simpatizó con la causa proletaria y después saltó al patio enemigo ese nunca simpatizó.*

35   *Las revoluciones justas también tienen traidores.*

36   *Cuando se lucha por una causa, se lucha o se muere.*

37   *El pan de nuestra patria es dulce, pero el pan de la inmigración es agrio.*

38   *El aire de nuestra patria siempre está fresco, pero el aire de la inmigración es caliente y trae olor a llanto.*

39   *El Socialismo es la joya más valiosa que ojos humanos hayan visto.*

40   *Sólo el pedestal está en nuestras manos;*

       pero la antorcha la han de llevar los pueblos.

41   *Un pueblo con moral es un pueblo valiente.*

42   *Los gobernantes con moral pueden levantar su frente.*

43   *Llegará el día en que al Viejo Zorro, gobiernos y pueblos*

lo lleven y lo sienten en el banquillo de los
acusados.

44   *La verdad es una luz que ilumina a todos
los pueblos del mundo.*

45   *El Socialismo es la única flor que nunca
se marchita.*

46   *El Socialismo es la libre expresión
del pensamiento humano.*

47   *El pan de la patria tiene más dignidad
que el pan de la inmigración.*

48   *Los hombres de ideas revolucionarias si
es preciso
mueren peleando antes de ser detenidos.*

49   *El León del Norte se está poniendo viejo.*

50   *El Viejo Zorro no puede con sus males.*

51   *Las revoluciones justas tienen una sola
cara, que es la de la moral.*

52   *El capitalismo tiene muchas caras.*

53   *A veces es más sabroso y nutritivo
comerse un pedazo de boniato en nuestro
patio que un bistec en patio ajeno.*

54   *El Socialismo es la fórmula defensora de
todos los pueblos del mundo.*

55   *Se gana más dentro del patio que fuera de él.*

56   *El enemigo común de todos los pueblos tiene dos caras, y también tiene doble moral.*

57   *El capitalismo se alimenta de la ignorancia de los pueblos.*

58   *Quien traiciona la causa de los humildes es porque no está al lado del deber, sino de la conveniencia.*

59   *El capitalismo es una piedra en el camino de los desposeídos.*

60   *El capitalismo es la piedra angular que obstaculiza el beneficio colectivo.*

61   *La sociedad del crimen sólo da crimen.*

62   *Hay revoluciones de verdad y hay revoluciones de mentira.*

63   *Las revoluciones de verdad luchan, las de mentira mueren bajo las botas del "Viejo Zorro".*

64   *La solidaridad internacional tiene más fuerza que cualquier confabulación.*

65   *Un destino con paz sólo se puede hallar con el triunfo del Socialismo.*

66 *Cuando un pueblo proclama su libertad es porque se ha desbordado el llanto viril.*

67 *Luchar contra la discriminación es defender los derechos humanos de cualquier pueblo.*

68 *El Socialismo es la ciencia de los pueblos oprimidos.*

69 *Historia hay una: la de los hombres y pueblos.*

70 *Un pueblo ignorante es un pueblo a oscuras.*

71 *La libertad es fruto del porvenir.*

72 *La libertad se obtiene bajo cualquier circunstancia.*

73 *Las religiones no son base para el progreso de los pueblos.*

74 *Los pueblos son responsables de su revolución.*

75 *Las revoluciones las hacen la mayoría.*

76 *El capitalismo es sostén del racismo.*

77 *Las revoluciones justas no tienen precio.*

78 *Defender una revolución justa*

es defender el derecho de los cautivos.

79   *La lucha de los oprimidos es la de
      defender su soberanía.*

80   *Los pueblos dan gritos de libertad por su
      soberanía.*

81   *La libertad se gana con sacrificio.*

82   *Los gritos de libertad se extenderán por
      toda la faz de la tierra.*

83   *La sociedad que amo es la de los
      desposeídos.*

84   *Cuba es un país de héroes y mártires.*

85   *`Cuba es un país heroico.*

86   *Educar a un pueblo no es cosa fácil, es
      tarea de buenos gobernantes.*

87   *Mi pueblo es parte de los demás pueblos
      del mundo.*

88   *Muchos pueblos subdesarrollados son
      títeres de países desarrollados.*

89   *Las revoluciones se fortalecen con los
      pueblos que luchan.*

90   *Los pueblos se fortalecen cuando hay una
      revolución que los respalda.*

91 *Verdadero socialista es aquel que es humanista.*

92 *El socialista debe ser positivista.*

93 *Verdadero comunista es aquel que no mira situación, sino condición.*

94 *Sólo el comunismo erradicará el oportunismo.*

95 *La lucha de mi pueblo es la lucha de todos los pueblos del mundo.*

96 *La fuerza de un pueblo está en la educación, las armas, y su moral.*

97 *El ejemplo de un pueblo está en la producción colectiva, el estudio y la vigilancia colectiva.*

98 *Comprar la libertad de un pueblo es ver y sentir el llanto viril.*

99 *Hombre y pueblo son una misma cosa.*

100 *Socialismo es verdad.*

101 *Capitalismo es valor al dinero.*

102 *Socialismo es valor al hombre por sus condiciones morales y espirituales.*

103 *Libertad verdadera es la que se conquista
sin que quede ningún rasgo de
dependencia.*

104 *Que no se duerma la verdad,
que siga despierta para seguir la justa
causa de los pueblos.*

105 *En un sistema verdaderamente socialista
gobierno y pueblo son una misma cosa.*

106 *El Socialismo y el Comunismo son
fuentes inagotables de sabiduría.*

107 *Los pueblos lloran cuando no hay
honradez en los gobernantes.*

108 *El que contribuyó por una u otra razón a
la causa del proletariado y se encuentra
en patio enemigo es, porque nunca
contribuyó de corazón.*

109 *El militante que cuide su fila,
su prestigio y contribuya en todo sin
cansarse ni en los momentos más difíciles
ese es un militante de vanguardia.*

110 *El militante que por cualquier razón o
circunstancia abandone la fila ese nunca
fue militante.*

111 *Militante de verdad es aquel que jamás
abandona su fila.*

112   *La militancia es una llama que nunca se
        apaga.*

114   *Militante justo es aquel que siempre está
        al rojo vivo.*

115   *El militante se fragua en la lucha.*

116   *Verdadero militante es aquel que no se
        cansa, ni se rinde. Es firme en la lucha.*

117   *La patria es orgullo de todos.*

118   *Ser patriota es un orgullo.*

119   *El Socialismo es la ciencia más fácil de
        entender.*

120   *Gobernantes de media talla son aquellos
        que en momentos de desesperación le
        entregan la patria al enemigo.*

121   *No demorará el día en que todos nos
        unamos para hacerle justicia al Imperio
        del Norte.*

122   *El dolor de un pueblo está en su moral.*

123   *En el capitalismo el dinero está por
        encima de los principios morales del ser
        humano.*

124   *El capitalismo utiliza el dinero para
        chantajear y sobornar a los débiles.*

125   *En el capitalismo el dinero es lo que predomina.*

126   *Hay que confiar en la mano generosa de todos los pueblos del mundo.*

127   *No quiero pan del imperio, sino justicia.*

128   *El capitalismo le crea las condiciones a las insurrecciones.*

129   *El poder del capitalismo está en la ignorancia de los pueblos.*

130   *La base primordial del capitalismo es la ignorancia.*

131   *Respetar la bandera de cualquier pueblo es respetarse a sí mismo.*

132   *De acuerdo con las diferentes sociedades o épocas existentes en la historia de la humanidad,
se ha comprobado que el Socialismo no será la perfección de las perfecciones, pero sí es el Sistema más perfeccto y humano que se ha creado para mejorar la humanidad.*

133   *No comprender la verdadera libertad de cualquier pueblo es perdonable, pero lo que sí no se perdona es que se le traicione.*

134   *Emigrar de la patria por no comprender
su verdadera libertad, el bloqueo y
demás, es no estar en paz consigo mismo.*

135   *Quien traicione la libertad de su pueblo
jamás tendrá paz consigo mismo.*

136   *El canto de los desposeídos es el canto de
mayor fuerza que oídos humanos hayan
escuchado.*

137   *En una revolución hay dos bandos que
son: los que luchan a favor
y los que no luchan*

138   *Las revoluciones que luchan por el
bienestar de los desposeídos son eternas.*

139   *Con una revolución de pueblo no se
juega, se respeta y se contribuye a su
lucha.*

140   *Quien sea miembro de una revolución
justa y no luche por los bienes del pueblo,
es porque pertenece al grupo de los
traidores.*

141   *Traicionar una revolución justa es no
estar en paz jamás consigo mismo.*

142   *Sépase bien que la historia de los pueblos
está en manos de las mayorías.*

143   *Las revoluciones justas son de todos, no
       de unos cuantos.*

144   *Las revoluciones se han hecho para
       luchar por los deberes, no por las
       comodidades.*

145   *Revolución verdadera es la de izquierda.*

146   *Traicionar una revolución justa es ser
       traidor consigo mismo.*

147   *Las revoluciones justas no se traicionan,
       se respetan*

148   *En las revoluciones los blandos son
       grupos de traidores y cobardes solapados.*

149   *El prestigio de una revolución justa está
       en sus hechos en beneficio de la
       colectividad.*

150   *El imperialismo es el pulpo que tiende sus*

       *tentáculos para asfixiar la economía de
       los pueblos*

151   *Revolución es lucha sin cesar ante los
       problemas de la historia.*

152   *El equilibrio del mundo está en espera de
       los gobiernos y pueblos.*

153 *Conquistar cualquier pueblo con la
verdad es haber conquistado el más alto
baluarte que ojos humanos hayan visto.*

154 *Los pueblos son luces,
lo que hay es que encenderlas*

155 *Los pueblos actúan según los gobiernos.*

156 *Los grandes gobernantes tienen la
psicología de la muchedumbre.*

157 *Unir a todos los pueblos del mundo
es alcanzar la unión de todos los
corazones.*

158 *Todos los pueblos tienen su sufrimiento.*

159 *El imperialismo es una sociedad corrupta,
desde todos sus ángulos.*

160 *A veces la miseria es creada por las malas
administraciones gubernamentales.*

161 *La revolución más grande que se pueda
hacer en la historia de la humanidad es la
de luchar por la humanidad.*

162 *La lucha armada es una necesidad de los
pueblos que luchan.*

163 *Revolución heroica hay una,
la de los pueblos por su liberación.*

164   *Los buenos revolucionarios no se dejan
      sobornar.*

165   *Comunista verdadero es aquel que está
      al lado de la verdad
      y muere si es   necesario.*

166   *Dirigente verdadero es aquel que es fiel a
      sus ideas.*

167   *El verdadero revolucionario no mira las
      dificultades.*

168   *Se puede vivir en el capitalismo,
      pero no defenderlo.*

169   *Defender el capitalismo es no tener pudor.*

170   *Hay quien por un plato de comida bien
      condimentado pierde su Revolución.*

171   *Revolución proletaria hay una, la de los
      humildes.*

172   *Fundamento básico de toda revolución
      son sus condiciones y principios morales.*

173   *Socialismo es evolución.*

174   *El Socialismo y el Comunismo son dos
      grandes pilares de la humanidad.*

175   *En una Revolución verdadera todo es
      triunfo.*

176   *Revolución justa es aquella que lucha en
      beneficio de la inmensa mayoría.*

177   *Es preferible morir antes que traicionar
      la causa del proletariado mundial.*

178   *Los abusos en el capitalismo, producen
      cambios políticos.*

179   *Comprender los abusos del capitalismo
      y criticarlos... es comenzar a ser socialista.*

180   *La derrota no existe para los
      revolucionarios justos y firmes.*

181   *Las revoluciones justas tienen su
      pensamiento firme.*

182   *El sostén del socialismo es su moral.*

183   *El sostén del imperialismo es la fuerza,
      la destrucción, el chantaje, el soborno,
      la corrupción y demás.*

184   *Capitalismo y fuerza son una misma cosa.*

185   *El imperialismo, como fase superior del
      capitalismo, es la supremacía sobre la
      sociedad humana.*

186   *El Socialismo es la moral que está en los
      corazones nobles de las mayorías.*

187   *Los blandengues se cansan.*

Los revolucionarios justos jamás.

188   *Cada pueblo debe hacer su Revolución.*

189   *En una Revolución se triunfa o se muere.*

190   *El comunista de lucha jamás entrega su ideología.*

191   *La verdad es necesidad de los pueblos.*

192   *Traicionar una Revolución justa es estar siempre en deuda con la humanidad.*

193   *La única sociedad en que el hombre y la mujer son libres es en el socialismo.*

194   *No hay arma más poderosa que la moral y verdad de un pueblo.*

195   *Un país socialista por circunstancias económicas puede aplicar medidas capitalistas en su economía... y puede seguir siendo socialista.*

196   *Los gobernantes que perdonan a sus enemigos están en las páginas más brillantes de la historia de la humanidad.*

197   *La libertad se alcanza con la verdad.*

198   *Los que se acomodan en una revolución son los oportunistas, cobardes y traidores solapados.*

199 *El triunfo de la humanidad está en manos de las mayorías.*

200 *Sépase bien que el capitalismo es herencia del esclavismo y el feudalismo.*

201 *Un exilio financiero y corrupto es un exilio sin causa.*

202 *La libertad verdadera es un baluarte inapreciable.*

203 *El Socialismo es la verdad más pura que está haciendo temblar a la humanidad.*

204 *Anti-comunismo es divisionismo.*

205 *La historia de los pueblos se compone de verdades y de falsedades.*

206 *La libertad no se compra, se conquista con las armas.*

207 *Las guerras son desastres para los pueblos.*

208 *La libertad está allí donde está el deber.*

209 *Con la libertad de un pueblo no se juega.*

210 *Libertad es dignidad.*

211 *La historia de los pueblos la han escrito*

valientes e inteligentes.

212 *Verdad hay una, la de los pueblos que luchan por alcanzar su plena soberanía.*

213 *La verdadera libertad es igual que los manantiales de agua fresca y cristalina.*

214 *La libertad no se compra ni se negocia; se conquista a cualquier precio.*

215 *La lucha es de todos no de unos cuantos.*

216 *Luchar por la igualdad es deber de todos.*

217 *La correlación de fuerzas se amplía cada vez más a todos los niveles.*

218 *Causa justa es aquella por la que luchamos, y no debemos cansarnos.*

219 *Luchar por una causa justa es luchar por conquistar algo con honradez.*

220 *Sépase bien que la correlación de fuerzas es la que predomina en el mundo.*

221 *Cada pueblo tiene su potestad.*

222 *Todos los pueblos tienen sus dolores.*

223 *La bandera es símbolo y autoridad de los pueblos.*

224 *Las leyes justas disciplinan a los pueblos.*

225   *Los estudios son base del despertar de los
      pueblos.*

226   *La justicia es el mayor elemento de los
      pueblos.*

227   *La cultura es ejemplo y dignidad de los
      pueblos.*

228   *La miseria es catástrofe para los pueblos.*

229   *La literatura es progreso de los pueblos.*

230   *Las grandes avanzadas heroicas-
      sociológicas le han traído al mundo
      cambios de todo tipo.*

231   *Verdad hay una: la de los hombres y
      pueblos.*

232   *La comprensión es ejemplo y disciplina de
      los pueblos.*

233   *Sépase de una vez que la verdad está en
      manos de las mayorías de todos los
      pueblos del mundo.*

234   *Que se oiga bien alto ante el mundo
      que la verdad está en los pueblos que
      luchan por un futuro mejor.*

235   *Tarea de todos nosotros es contribuir en
      lo político, social, económico y cultural
      de nuestro pueblo.*

236   *Los conflictos se solucionarán mediante diálogos.*

237   *Las inmigraciones contribuyen a frenar el desarrollo político, social, económico y cultural de cualquier pueblo del mundo.*

238   *La razón de existir es una: la de luchar... y seguir luchando para mejorar la sociedad humana.*

239   *Disciplinar a un pueblo no es cosa fácil, es una tarea larga y dura.*

240   *La disciplina de cualquier pueblo es tarea de buenos gobernantes.*

241   *La única forma en que los pueblos pueden alcanzar un alto nivel cultural es mediante la exigencia del gobierno y el pueblo.*

242   *Las ideas buenas se forjan en la lucha por mejorar la sociedad humana.*

243   *La historia de la humanidad está dividida en dos partes que son: el lado de los débile y el lado de los poderosos.*

244   *Estar al lado de los débiles... sólo hay blandenguerías; pero cuando estamos al lado de los poderosos sólo vemos triunfo.*

245 *La verdad es luz de los pueblos...*

246 *El desequilibrio económico-mundial
es la atmósfera muerta, en la cual se
producen grandes conflagraciones.*

247 *La patria es el beso al abrazo más
precioso.*

248 *Los hombres que han conmovido al
mundo con la verdad también han hecho
razonar a sus enemigos más
encarnizados.*

249 *Los hombres que han conmovido al
Mundo con la verdad tienen un lugar
honorable en la historia de la humanidad.*

250 *Todos los pueblos tienen su historia.*

251 *No importa el sacrificio de cualquier
pueblo, lo que importa es que se logren
sus propios derechos.*

252 *Llegará el día en que los pueblos no
empuñarán
Armas, sino abrazos y libros...*

253 *La bandera es símbolo de libertad.*

254 *Un pueblo sin cultura es un pueblo
esclavo.*

255 *La cultura es liberación de los pueblos.*

256 Los gobernantes que luchan por la
      igualdad son los que le hacen falta a la
      humanidad.

257 Los gobernantes con dignidad
      manifiestan verdad.

258 Son contados los que se sientan en la silla
      de la grandeza y sienten por los
      desposeídos.

259 Los pueblos son llamas del porvenir.

260 La figura del líder la crea el pensamiento.

      Sólo los pueblos la engrandecen.

261 La prostitución y las drogas son pilares
      importantes del capitalismo.

262 En este mundo se mueven dos bandos que
      son: los que luchan por destruir
      y conquistar y los que luchan por
      construir una sociedad
      en la que todos tengamos derecho a una
      vida plena.

263 La cultura es fortaleza de los pueblos.

263 Democracia verdadera es la que se
      alcanza con la lucha de los desposeídos.

264 El derecho es disciplina de los pueblos.

265 *Las guerras sucias son inmoralidades de
las metrópolis imperiales.*

266 *Las guerras sólo traen destrucción a los
pueblos.*

267 *La lucha por la igualdad es una tarea
dura y acre.*

268 *La cultura es avance de los pueblos.*

269 *Las ambiciones son los conflictos de
muchas naciones.*

270 *Amar la guerra es amar los desastres
crueles de los pueblos.*

271 *Un gobierno disciplinado es un gobierno
deseado por el pueblo.*

272 *La ambición trae destrucción
a los pueblos.*

273 *Mis escritos los he dedicado a todos los
pueblos del mundo.*

274 *La historia de los pueblos se respeta.*

275 *La moral es condición fundamental de los
pueblos.*

276 *La miseria de muchos pueblos es una
gran verdad que trasciende los límites de
la razón humana.*

277   *Sentir por la humanidad es estar con la verdad.*

278   *La cultura ennoblece los pueblos.*

279   *Un pueblo de fanáticos es un pueblo de mediocres.*

280   *Luchar por la humanidad es deber de todo humanista.*

281   *No hay guerra mejor ganada que la lógica.*

282   *Los pueblos son montañas que no son fáciles de derrumbar.*

283   *Las artes son culturas de los pueblos.*

284   *Un pueblo sin arte es un pueblo sin cultura.*

285   *Este mundo ha echado a andar su motor impulsor.*

286   *La libertad se aprecia con hechos, no con palabras.*

287   *Las revoluciones justas no tienen color.*
288   *La moral de Cuba es la moral de todos los pueblos que luchan...*

289   *Todos los pueblos tienen su moral.*

*290   Inteligencia hay una: la de los hombres y
        pueblos.*

291   La paz es seguridad de los pueblos.

*292   En su inmensa mayoría la inmigración es
        producto del deterioro económico
        producido por las metrópolis imperiales.*

*293   Mi pueblo es defensor
        de los demás pueblos del Mundo.*

*294   Entregársele al imperialismo es
        sentir la injusticia hervir la sangre.*

*295   El socialismo existe,
        porque es la mejor razón para vivir
        decorosamente.*

*296   El socialismo, es la máxima expresión del
        pensamiento humano.*

*297   Sólo el telar del imperialismo y del
        capitalismo producen... y después las
        arañas salen a la luz.*

*298   En el imperio norte-americano, matar es
        una de las formas de hablar consigo
        mismo.*
*299   Los gobiernos capitalistas e imperialistas

        se alimentan de la ignorancia de los
        pueblos.*

300   *La luz de los desposeídos es la luz de más
       alta propagación que existe en la faz de la
       tierra.*

301   *El socialismo es para los que tienen luz
       propia.*

302   *La mirilla hay que ponerla hacia el norte,
       por sus abusos e injusticias.*

303   *El que escribe obras socio-políticas,
       es un lider en silencio, y sus obras pueden
       trascender fronteras sin precedentes.*

304   *El capitalismo lucha por corromper la
       dignidad de los pueblos.*

305   *Patriotismo! Metiendo las narices en
       todos   los pueblos del mundo, y también
       bombardeando; eso no es patriotismo.
       Eso es cobardía de lesa humanidad.*

306   *Un pueblo sin preparación es un pueblo
       muerto.*

307   *No comprender el socialismo, es ser
       mediocre.*

308   *La pobreza de los pueblos crean muchos
       males, que afectan a veces a pueblos
       enteros.*

309   *El narcotráfico es cosecha del capital
       financiero internacional.*

310 *El capitalismo sin narcotráfico no es
capitalismo.*

311 *Los males del socialismo son producidos
por los virus del capitalismo.*

312 *Las guerras lograrán su fin cuando todos
los hombres dialoguen con la verdad.*

313 *Dar ejemplo de conducta y moralidad es
reflejarveracidad en beneficio de la paz.*

314 *Hay guerras justas y hay guerras injustas.
Las injustas son guerras sucias,
y las justas son guerras que se producen
por una causa*

315 *La inmigración es palanca del bien y del
mal.*

316 *La emigración es puente de los
desesperados.*

317 *Emigrar es incrementar el puente del
desequilibrio histórico-mundial.*

318 *La inmigración a veces es tumba para
muchos
que no se adaptan a olvidar el pudor de
sus sentimientos.*

319 *El pan que nos da la inmigración no se
parecerá jamás al pan de cada día que nos
dio nuestro Pueblo con cariño*

y honestidad.

320   *La inmigración es un puñal que está
clavado en el corazón del inmigrante.*

321   *Las emigraciones las crea el deterioro
económico producido por las metrópolis
imperiales.*

322   *Hay cosas ilegales que están sucediendo
en muchos Pueblos del Mundo,
y las estoy viendo y en muchos casos
sintiéndola.
A veces creyéndome que son inciertas.*

323   *La emigración crea abandono y
desesperación,
al igual que cuando se está dentro.*

324   *La emigración y la inmigración tienen
una historia milenaria, son tan viejas
como el mercado más viejo del Mundo (la
prostitución)*

325   *La emigración y la inmigración son dos
almas gemelas, que producen vorágines,
cuando la desesperación las azota.*

326   *La corrupción es madre del Capitalismo.*

327   *Las emigraciones, e inmigraciones están
sentadas en las bases del desequilibrio
económico mundial.*

328   *La emigración es el puente que enlaza
        todos los pueblos del mundo.*

329   *A veces la propaganda política contribuye
        al fortalecimiento ideológico.*

330   *El impacto de la emigración crea traumas.*

331   *Las emigraciones son las manos
        indefensas ante las armas.*

332   *El inmigrante a veces es prisionero de su
        destino.*

333   *La emigración tiene su precio.*

334   *A veces el precio de la emigración hay que
        pagarlo con mucho sudor, y sangre.*

335   *Hay a quien el precio de la inmigración
        le ha tocado su puerta y lo ha destruido.*

336   *Sólo trauma y frustración hay en la
        mayoría de los inmigrantes.*

337   *Antes de emigrar debemos analizar el
        futuro que nos espera y principalmente el
        presente.*

338   *Los fracasos en muchos emigrantes e
        inmigrantes,
        son por el desconocimiento de causa y
        efecto.*

339   *La emigración y la inmigración son dos
        almas gemelas, que producen vorágines,
        cuando la desesperación las azota.*

340   *No se debe gobernar un país sin autoridad
        moral.*

341   *Capitalismo y egoísmo es un solo
        pensamiento.*

342   *La verdadera doctrina de la Derecha
         es la hipocrecia.*

343   *Hay dos tipos de guerra que son:
        los que luchan por una causa,
         y los que luchan por adquirir riquezas.
        Esta última pertenece a las guerras
        sucias:
        que son las que practican los gobiernos
        oligárquicos.*

344   *Solo el Pueblo puede salvar al Pueblo.*

345   *El Pueblo es el motor del cambio.*

346   *Ser joven y no ser revolucionario es una
        contradicción.*

347   *Los pueblos la mayoría de las veces son
        sabios.*

348   *La verdadera hipocrecia es la de la
        Derecha.*

349	*Un Pueblo que no conoce su historia
está condenado a repetirla.*

350	*Un Sociedad ocupada
es una Sociedad alejada del delito.*

351	*La mayor riqueza de cualquier pueblo es
su honestidad.*

352	*La política es un oficio.*

353	*El arte de la guerra es el arte del engaño.*

354	*El valor es lo que determina en una
guerra, no son los números.*

355	*El Estado es mente y corazón.*

356	*Con la represión no se educa ningún
pueblo del mundo, sino con la cultura
y la educación.*

357	*Un pueblo culto es un pueblo invencible.*

358	*La política se inventó para evitar la
guerra.*

359	*La política no es una profesión,
sino una devoción.*

360	*Un buen gobierno es el que defiende a su
pueblo.*

361   *Una vez muerta la ignorancia de los pueblos, llegará la unificación de los hombres.*

362   *La política es como caminar en la cuerda floja.*

9 781797 805399